Handbuch Stauden

Handbuch Stauden

KOMET

Autorin: Monika Zilliken
Gesamtherstellung: KOMET Verlag GmbH, Köln

ISBN 978-3-89836-861-2
www.komet-verlag.de

Bildnachweis

Interfoto: Titelabbildung (Günter Fleger)
Okapia KG: S. 13, 14, 17, 18, 20, 22, 24, 26, 28, 31, 32, 34, 48, 51, 56, 59, 63, 64, 77, 86, 94, 103, 109, 116, 119, 120, 126, 138, 145, 165, 188, 195, 200, 203, 204, 211, 212, 218, 229, 241, 245, 246, 249, 253, 255, 256, 259, 260, 267, 275, 276, 280
Wolfgang Redeleit: S. 44, 69, 73, 78, 81, 97, 133, 149, 161, 171, 208, 221, 242, 264
Annette Timmermann: S. 6, 9, 11, 36, 39, 40, 43, 47, 53, 55, 60, 66, 70, 74, 82, 85, 89, 90, 93, 98, 99, 100, 104, 107, 110, 112, 115, 122, 123, 125, 129, 130, 134, 137, 141, 142, 146, 150, 152, 153, 154, 157, 158, 162, 166, 168, 169, 172, 175, 176, 179, 180, 183, 184, 187, 191, 192, 196, 199, 207, 214, 217, 222, 225, 226, 230, 233, 234, 237, 238, 250, 263, 268, 271, 272, 279, 283, 284

Inhalt

Erklärung der Piktogramme

 sonniger Standort

 halbschattiger Standort

 schattiger Standort

Hinweis zum Gebrauch des Lexikons

Die Pflanzen sind alphabetisch nach ihrem botanischen Namen aufgeführt. Daneben finden Sie die gängigsten deutschen Bezeichnungen.

Einleitung

Was sind eigentlich Stauden?

Im Gegensatz zu den kurzlebigen, nur einen Sommer lang blühenden Sommerblumen erfreuen die formenreichen und farbenfrohen Stauden jedes Jahr aufs Neue verlässlich das Gärtnerherz. Zwar sind selbst Stauden nicht für die Ewigkeit gemacht, ihre Lebensdauer ist aber trotzdem beträchtlich – die richtige Standortwahl und ausreichende Pflege einmal vorausgesetzt. So kann zum Beispiel die Pfingstrose *(Paeonia)* durchaus

das stattliche Alter von knapp 80 Jahren erreichen, Rittersporn *(Delphinum)*, Phlox *(Phlox)* und Taglilie *(Hemerocallis)* werden gut und gerne um die 50 Jahre alt, und selbst die vielen Primelarten *(Primula)* bleiben 30 Jahre lang treue Seelen.

Nicht selten wird im normalen Sprachgebrauch unter dem Begriff „Staude" alles zusammengefasst, was vergleichsweise hoch und ausladend wächst. Richtig ist allerdings folgende Definition: Stauden sind ausdauernde (perennierende), das heißt nicht verholzende Pflanzen, die jedes

Jahr im Frühling erneut aus Überwinterungsknospen austreiben. Diese Knospen können über, direkt am Boden oder aber auch unterhalb der Erdkrume liegen. Die oberirdischen Pflanzenteile einer Staude sterben typischerweise nach der Blüte oder im Winter ab – sie ziehen ein, wie man auch sagt, und treiben erst im kommenden Frühjahr wieder aus. Das Überleben und die Energie für den neuen Austrieb sichern bzw. speichern unterirdische Organe wie kräftige Wurzeln, Rhizome, Rüben, Knollen oder Zwiebeln. Unter Rhizomen versteht man Wurzelstöcke, die eigentlich verdickte Sprosse sind, die meist horizontal unter der Erde verlaufen und den Pflanzen auch zur Ausbreitung dienen. Neben Wurzeln sitzen farblose Niederblätter und Knospen für die neuen Triebe an ihnen. Daneben gibt es allerdings, wenn auch wenige, immer- bzw. wintergrüne Stauden, die zumindest in milden Wintern mit ihrem grünen Blattwerk das triste Graubraun unserer Gärten in Grenzen halten. Zu dieser Gruppe gehören beispielsweise Immergrüne Schleifenblume *(Iberis sempervirens)*, Fetthennen-Arten *(Sedum)*, Bergenien *(Bergenia)* und einige Bodendecker wie Kriechender Günsel *(Ajuga reptans)* oder das Kleine Immergrün *(Vinca minor)*.

Welche Pflanzen zählen zu den Stauden?

Zweijahrespflanzen – auch Biennen oder Winterannuellen genannt –, die im Jahr der Aussaat lediglich Blätter bilden und erst im darauf folgenden Jahr zur Blüte kommen, werden gärtnerisch zuweilen als **Halbstauden** bezeichnet. Zu dieser Gruppe gehören Stockrose *(Alcea rosea),* aber auch Goldlack *(Erysimum cheiri)* und Königskerze *(Verbascum)*. Ein weiteres ihnen gemeinsames Merkmal ist die reichliche Selbstaussaat, mit der sie selbst für ihren Fortbestand sorgen. Außerdem kann man diese Pflanzen durch Rückschnitt nach der Blüte in der Regel zu mehreren Neuaustrieben anregen.

Im Umkehrschluss rechnet der Gärtner „richtige" Stauden, die zwar winterhart und ausdauernd sind, deren Blütenreichtum aber nur im ersten Lebensjahr reichhaltig ist, zur Gruppe der **Zweijährigen.** Sie werden lieber durch jährliche Neusaat erneuert, als durch Weiterkultur oder Teilung vermehrt. Typische Vertreter wären das Gänseblümchen *(Bellis perennis)* oder auch das Stiefmütterchen *(Viola × wittrockiana)*.

Ausdauernde, winterharte Pflanzen, bei denen die unteren Teile bzw. älteren Sprosstriebe verholzen, während die jungen, frischen Triebe krautig bleiben oder im Winter zurückfrieren, werden **Halbsträucher** genannt. Botanisch betrachtet sind dies zwar eindeutige Merkmale für Bäume oder Sträucher, trotzdem stehen beispielsweise Salbei *(Salvia),* Johanniskraut *(Hypericum)* oder Lavendel *(Lavendula)* in Wuchs und Verwendung den Stauden um einiges näher. Auch die **Zwergsträucher** wären botanisch korrekterweise zu den Gehölzen zu zählen, und auch sie rechnet man in Gärtnerkreisen ebenfalls zu den Stauden. Beispiele wären hier Heidekraut *(Erica),* Immergrüne Schleifenblume *(Iberis sempervirens)* oder Sonnenröschen *(Helianthemum)*.

Zwei spezielle Gruppen unter den Stauden sind die **Staudengräser** und die **Farne.** Unter ihnen finden sich in der Regel dankbare, pflegeleichte

Pflanzen selbst für so manch andere Staude schwierige Standorte. Pampasgras *(Cortaderia selloana)* oder Chinaschilf *(Miscanthus sinensis)* mögen zwar mit der bunten Vielfalt der Blütenstauden nicht konkurrieren können, stehen den so genannten Prachtstauden in Wuchs und Erscheinung aber trotzdem in nichts nach. Als ursprüngliche Waldbewohner wachsen der stattliche Königsfarn *(Osmunda regalis)*, der gefiederte Flaumfarn *(Polystichum setiferum)* & Co. am liebsten im Schatten oder zumindest am Gehölzrand und verschönern mit ihren sattgrünen Wedeln lichtarme Gartenpartien.

Eine Sondergruppe der Stauden bilden **Zwiebel-** und **Knollenblumen,** so lange sie winterhart sind. Auf sie wie auch auf einige ausdauernde, frostresistente **Sumpf-** und **Wasserpflanzen,** die ebenso eine Ausnahmestellung unter den Staudengewächsen einnehmen, wurde auf Grund ihrer speziellen Pflege- und/oder Standortansprüche in diesem Lexikon verzichtet.

Einteilung der Stauden

Mit ihren vielfältigen Erscheinungs- und Lebensformen stellen die Stauden die größte Gruppe unter den Gartenpflanzen. Entsprechend gibt es zahlreiche verschiedene Unterteilungen. Als Erstes wären die züchterisch recht stark beeinflussten, reich blühenden **Pracht-** oder **Beetstauden** zu nennen, die aus natürlichen Urformen entwickelt wurden. Um ihre Schönheit vollends zur Geltung bringen zu können, verlangen sie zu Recht nach den exponierten, meist vollsonnigen, optisch bevorzugten Plätzen im Garten. Leider sind sie wegen der züchterischen Eingriffe meist etwas empfindlich geworden – wollen also gepflegt werden. Zu diesen Staudenschönheiten gehören unter anderem Hoher Staudenphlox *(Phlox paniculata)*, Rittersporn *(Delphinium-Hybriden)*, Edelpfingstrose *(Paeonia lactiflora)*, Sonnenhut *(Rudbeckia)*, Taglilie *(Hemerocallis)* oder Chrysantheme *(Dendranthema)*.

Im Unterschied dazu konnte sich die Gruppe der **Wildstauden** viel von ihrem natürlichen Charakter bewahren. Sie wurden züchterisch so gut wie nicht verändert, sind darum in der Regel pflegeleicht und möchten am liebsten still sowie ungestört an ihrem Platz vor sich hin wachsen können. Das muss übrigens kein Sonnenplatz sein, denn gerade unter den Wildstauden gibt es wunderhübsche Pflanzen, die sich im Halbschatten oder sogar im Schatten am wohlsten fühlen. Dabei brauchen sich die „wilden" Stauden übrigens auf gar keinen Fall zu verstecken – wie etwa Waldgeißbart *(Aruncus dioicus)*, Tränendes Herz *(Dicentra spectabilis)*, Eisenhut *(Aconitum)*, Knäuelglockenblume *(Campanula glomerata)*, Goldwolfsmilch *(Euphorbia polychroma)* oder Sonnenröschen *(Helianthemum)* – um nur einige herauszuheben. Blatt- und vor allem Blütenwerk sind vielleicht etwas weniger üppig geraten als bei den züchterisch „getunten" Stauden, dafür danken sie es mit Robustheit sowie einer gu-

ten Angepasstheit an teils problematische Standorte. Zudem dienen sie Insekten und Kleintieren als wertvolle Nahrungsquelle, und nicht wenige unter ihnen sind altbekannte sowie geschätzte Heilpflanzen.

Aus der **Wuchsform** ergeben sich weitere Einteilungen wie Horste bildende, Polster-, Rosetten- oder Teppichstauden. Letztere vereinigen meist eher niedrig bleibende Pflanzen. Sonnen- und Schattenstauden oder Sumpfstauden weisen auf ihre bevorzugten **Standorte** hin. Stauden zieren jedoch nicht nur Beete oder Rabatten. Folglich wird auch in Steingarten-, Teichrand-, Bodendeckerstauden usw. unterteilt. Diese nach **Lebensbereichen** angelehnte Einteilung orientiert sich an der der Internationalen Staudenunion (ISU), die zehn Lebensräume im Garten unterscheidet: Gehölz, Gehölzrand, Freifläche – unterteilt nach feuchtem, mäßig trockenem bis frischem Boden und vollsonnig mit durchlässigem Bodentyp –, Freifläche mit Steppencharakter, Freifläche mit Heidecharakter, Steinanlage, Alpinum, Beet, Wasserrand und Wasser.

Die Frage nach dem Standort

Bei Berücksichtigung der jeweiligen Standortansprüche respektive der bevorzugten Lebensbereiche können sich die Stauden optimal entwickeln, erweisen sich in der Folge auch als pflegeleicht und bereiten über lange Zeit Freude. Ausschlaggebende Kriterien sind dabei zum einen die für die Pflanzen nötigen Bodenbedingungen – beispielsweise feucht, frisch oder trocken – und zum anderen ihre gewünschten Lichtverhältnisse – sonnig, halbschattig oder schattig. Schöne Effekte lassen sich übrigens erzielen, wenn man verschiedene Stauden mit gleichen Anforderungsprofilen zu Lebensgemeinschaften anordnet. In solchen Kompositionen finden sich dann nicht nur Blüten- oder Blattstauden, sondern auch Gräser, Farne und sogar Gewürzkräuter mit gleichen Standortansprüchen wieder. Auf den nächsten Seiten werden die wichtigsten im Garten anzutreffenden Lebensräume sowie beispielhaft dazu passende Stauden vorgestellt.

Gehölz

Im lichten Schatten oder Halbschatten, zwischen, unter, vor Bäumen oder Sträuchern gedeihen viele der so genannten Waldstauden gut. Sie stehen in enger Beziehung zu den Bäumen und beleben diese Gartenbereiche sowohl durch ihre Wuchsformen als auch durch ihre Blüten. Die verrotteten Blätter der Bäume sorgen für den benötigten humosen, frischen Boden und sollten daher auch möglichst nicht weggeräumt werden. Unter den Stauden dieses Lebensraumes findet man viele Wildstauden, die den reifen, humosen, frischen Boden im Bereich eingewachsener Bäume lieben. Dazu gesellen sich Stauden mit mehr beetstaudenähnlichem Wuchscharakter, die im Allgemeinen durch eine stattlichere Erscheinung und auffälligere Blüten beeindrucken, dafür aber auch etwas anspruchsvoller sind. Bei den Bodenverhältnissen wird unterschieden zwischen trockenen, frischen und feuchten Böden.

Staudenbeispiele für das Gehölz

Leitstauden Geißbart *(Aruncus dioicus)*; Silberkerze *(Cimicifuga ramosa)*; Roter Fingerhut *(Digitalis purpurea)*

Begleitstauden Buschwindröschen *(Anemone nemorosa)*; Sterndolde *(Astrantia major)*; Bergenie *(Bergenia cordifolia)*; Japansegge *(Carex morrowii)*; Wurmfarn *(Dryopteris filix-mas)*; Storchschnabel *(Geranium)*; Christrose *(Helleborus niger)*; Großblütige Taubnessel *(Lamium orvala)*; Flaumfarn *(Polystichum setiferum)*; Großes Immergrün *(Vinca major)*

Bodendeckerstauden Elfenblume *(Epimedium rubrum)*; Gefleckte Taubnessel *(Lamium maculatum)*; Gedenkemein *(Omphalodes verna)*; Waldsteinie *(Waldsteinia)*

Gehölzrand

Am Rande von Baum- und Strauchgruppen findet sich meist guter, humoser Boden – für viele Stauden optimale Standortverhältnisse. Einige Arten bevorzugen dabei mehr den offenen, sonnigen, warmen Gehölzrand, andere wünschen sich ihre Pflanzung im bodenfrischen, absonnigen und eher kühlen Gehölzrand. Viele dieser wie auch zahlreiche Mitglieder aus der Gruppe „Gehölze" stammenden Stauden gedeihen übrigens ebenfalls gut im Mauerschatten.

Staudenbeispiele für den Gehölzrand

Leitstauden Roter Fingerhut *(Digitalis purpurea);* Goldkolben, Kreuzkraut *(Ligularia stenocephala);* Chinaschilf *(Miscanthus sinensis);* Riesenpfeifengras *(Molinia arundinacea);* Königsfarn *(Osmunda regalis)*

Begleitstauden Frauenmantel *(Alchemilla mollis);* Akelei *(Aquilegia vulgaris);* Kaukasusvergissmeinnicht *(Brunnera macrophylla);* Tränendes Herz *(Dicentra spectabilis);* Funkie *(Hosta);* Schneemarbel *(Luzula nivea);* Indianernessel *(Monarda);* Lampionblume *(Physalis);* Salomonssiegel *(Polygonatum multiflorum);* Schlüsselblume *(Primula veris)*

Bodendeckerstauden Kriechender Günsel *(Ajuga reptans);* Zwergstorchschnabel *(Geranium cinereum* ssp. *subcaulescens);* Kissenprimel *(Primula vulgaris);* Lungenkraut *(Pulmonaria);* Kleines Immergrün *(Vinca minor)*

Freiflächen mit feuchtem Boden

Unter Freiflächen versteht der Gärtner offene, im Allgemeinen sonnige Flächen, außerhalb der Schatten werfenden Bäume, Sträucher und Gebäude. Hier schlägt die Stunde der Sonnenanbeter. Viele dieser sonnenhungrigen Stauden benötigen allerdings trotzdem feuchten Boden bzw. müssen ausreichend mit Wasser versorgt werden. Stauden, deren ursprüngliche Heimat der Wiesengrund oder das Bach- oder Seeufer ist, lieben auch in unseren Gärten den gut durchfeuchteten Boden. Einige bevorzugen Gewässernähe, zum Beispiel den Gartenteich, andere wünschen sich den sonnigen Gehölzrand. In dieser Gruppe sind häufig Beetstauden anzutreffen, nicht selten auch solche, die man typischerweise im Bauerngarten verwendet.

Staudenbeispiele für Freiflächen mit feuchtem Boden

Leitstauden Wasserdost *(Eupatorium maculatum);* Mädesüß *(Filipendula rubra);* Goldkolben, Kreuzkraut *(Ligularia dentata);* Wiesenraute *(Thalictrum dipterocarpum)*

Begleitstauden Frauenmantel *(Alchemilla mollis);* Fackellilie *(Kniphofia);* Blutweiderich *(Lythrum salicaria);* Japanische Etagenprimel *(Primula japonica);* Trollblume *(Trollius chinensis)*

Bodendeckerstauden Kriechender Günsel *(Ajuga reptans);* Wiesenknöterich *(Bistorta affinis);* Pfennigkraut *(Lysimachia nummularia);* Sumpf-Vergissmeinnicht *(Myosotis palustris);* Braunelle *(Prunella grandiflora)*

Bauerngartenstauden Eisenhut *(Aconitum ardensii);* Akelei *(Aquilegia vulgaris);* Bergenie *(Bergenia cordifolia);* Fingerhut *(Digitalis purpurea);* Wurmfarn *(Dryopteris filix-mas);* Tränendes Herz *(Dicentra spectabilis);* Christrose *(Helleborus niger);* Funkie *(Hosta);* Hohe Bartiris *(Iris-Barbata-Elatior);* Bauernpfingstrose *(Paeonia officinalis)*

Freiflächen mit mäßig trockenem bis frischem Boden

Staudenpflanzen, die relativ trockenen bis frischen, durchlässigen Boden bevorzugen, behagen gleichermaßen Felssteppen- und Steinanlagen. Im Gegensatz zu den für die Steppenheide besonders geeigneten Arten bilden sie jedoch keine geschlossenen „Polster". Vielmehr bedecken sie in lockeren Gruppen mit teilweise stattlichem Wuchs und reizvollem Blütenflor den Boden.

Staudenbeispiele für Freiflächen mit mäßig trockenem bis frischem Boden

Leitstauden Diamantgras *(Calamagrostis acutiflora);* Chinaschilf *(Miscanthus sinensis);* Sonnenhut *(Rudbeckia fulgida)*

Begleitstauden Goldgarbe *(Achillea filipendula);* Knäuelglockenblume *(Campanula glomerata);* Kugeldistel *(Echinops ritro);* Goldwolfsmilch *(Euphorbia polychroma);* Riesenschleierkraut *(Gypsophila paniculata);* Taglilie *(Hemerocallis);* Nachtkerze *(Oenothera tetragona);* Prachtscharte *(Liatris spicata);* Skabiose *(Scabiosa)*

Bodendeckerstauden Stachelnüsschen *(Acaena buchananii)*; Teppichjohanniskraut *(Hypericum calycinum)*; Salbei *(Salvia nemorosa)*; Großblumiger Ziest *(Stachys macrantha)*

Freiflächen warm, vollsonnig mit durchlässigem Boden

Ähnlich wie in der vorherigen Gruppe hat man es auch hier mit Stauden zu tun, die zwar mit deutlich durchlässigerem Boden und auch weniger Nährstoffen auskommen, aber ebenfalls keine rasenartigen, geschlossenen Staudenfluren wie die Arten der Steppenheide bilden. Standorttypische Merkmale dieser wenig durstigen Stauden sind häufig: silbrig-graues Blattwerk, sukkulente Blätter oder sehr feines, oft auch gefiedertes Laub; viele dieser Pflanzen enthalten in Blättern, Stängeln und/oder Blüten ätherische Öle.

Staudenbeispiele für warme, vollsonnige Freiflächen mit durchlässigem Boden

Leitstauden Pampasgras *(Cortaderia selloana)*; Steppenkerze *(Eremurus robustus)*; Königskerze *(Verbascum)*

Begleitstauden Edelraute *(Artemisia stelleriana);* Spornblume *(Centranthus ruber);* Mädchenauge *(Coreopsis grandiflora);* Sonnenröschen *(Helianthemum);* Lavendel *(Lavandula);* Lein *(Linum perenne);* Katzenminze *(Nepeta × faassenii);* Küchenschelle *(Pulsatilla vulgaris);* Salbei-Arten *(Salvia);* Prachtfetthenne *(Sedum spectabile)*
Bodendeckerstauden Katzenpfötchen *(Antennaria dioica);* Hornkraut *(Cerastium tomentosum);* Scharfer Mauerpfeffer *(Sedum acre);* Weihenstephaner Gold *(Sedum × Weihenstephaner Gold);* Feldthymian *(Thymus serpyllum)*

Beet

Das Beet oder die Rabatte darf in keinem Garten fehlen und ist der Lebensraum schlechthin für die zahlreichen attraktiven, anspruchsvollen Beet- und Prachtstauden. Diese fast durchweg züchterisch intensiv beeinflussten Pflanzen fordern einen humosen, nährstoffreichen, frischen Boden, der regelmäßig bearbeitet und gelockert werden muss. Der Lebensraum Beet kann weiter untergliedert werden in gehölznahe, sonnige bis absonnige Plätze, warme und sonnige Bereiche und sonnige Plätze mit frisch-feuchten Böden.

Staudenbeispiele für das Beet

Leitstauden Rittersporn *(Delphinium);* Fackellilie *(Kniphophia);* Pampasgras *(Cortaderia selloana);* Scheinmohn *(Meconopsis betonicifolia)*
Begleitstauden Goldgarbe *(Achillea filipendulina);* Glattblatt-Aster *(Aster novi-belgii);* Margerite *(Chrysanthemum leucanthemum);* Feinstrahlaster *(Erigeron-Hybriden);* Sonnenbraut *(Helenium);* Taglilie *(Hemerocallis);* Hohe Bartiris *(Iris Barbata-Elatior);* Hoher Phlox *(Phlox paniculata);* Goldrute *(Solidago)*
Niedrige Beetstauden Prachtstorchschnabel *(Geranium magnificum);* Nelkenwurz *(Geum);* Purpurglöckchen *(Heuchera sanguinea)*

Freifläche mit Steppencharakter

Trockener, kalkhaltiger, schotteriger auch lehmhaltiger Boden und ausreichend Sonneneinstrahlung über den gesamten Tag sind Voraussetzungen für die Anlage eines steppenartigen Gartenteils. Die geschlossene „Polster“ bildenden Stauden sind prinzipiell genügsam, anspruchslos und auch mit wenig Pflege zufrieden. Hübsche Blickfänger in solchen Pflanzungen stellen horstig wachsende Gräser mit ähnlichen Standortansprüchen.

Staudenbeispiele für Steppenlandschaften

Leitstauden Spornblume *(Centranthus ruber);* Diamantgras *(Calamagrostis);* Steppenkerze *(Eremurus);* Riesenpfeifengras *(Molinia arundinaceae);* Königskerze *(Verbascum)*

Begleitstauden Amur-Adonisröschen *(Adonis amurensis);* Lavendel *(Lavandula);* Lichtnelke *(Lychnis chalcedonica);* Fingerkraut *(Potentilla);* Küchenschelle *(Pulsatilla vulgaris);* Salbei *(Salvia);* Thymian *(Thymus);* Ehrenpreis *(Veronica)*

Bodendeckerstauden Katzenpfötchen *(Antennaria dioica);* Alpenaster *(Aster alpinus);* Federnelke *(Dianthus plumarius);* Blauschwingel *(Festuca cinerea);* Hornveilchen *(Viola cornuta)*

Lebensbereich Steinanlagen (Felssteppe, Matten, Steinfugen)

Es ist die Domäne der Trockenmauer- und Steingartengewächse. Manchen genügt bereits eine Mauerritze, Hauptsache der Boden ist steinig, nährstoffarm – und ein Platz an der Sonne gesichert. Das, was ihnen wirklich etwas anhaben kann, ist ein Zuviel an Nässe. Daher wachsen sie am besten in einem von Kies bzw. Schotter durchsetzten, wasserdurchlässigen Boden, der Felsensteppe. Andere gedeihen sogar in der flachen Bodenkrume auf Felsen oder größeren Steinen, hier spricht man von Matten. Weitere Mitglieder dieses Lebensraumes begnügen sich bereits mit Steinfugen und Mauerkronen als Pflanzort.

Staudenbeispiele für Steinanlagen

Felsensteppe/Mauerkrone, teils zur Dachbegrünung geeignet Federnelke *(Dianthus plumarius);* Perlgras *(Melica nutans);* Islandmohn *(Papaver nudicaule);* Türkischer Mohn *(Papaver orientale);* Steinbrech-Arten *(Saxifraga);* Scharfer Mauerpfeffer *(Sedum acre);* Hauswurz, Dachwurz *(Sempervivum);* Feldthymian *(Thymus serpyllum);* Königskerze *(Verbascum)*

für Mauerkrone, überhängend Steinkraut *(Alyssum saxatile);* Blaukissen *(Aubrieta);* Immergrüne Schleifenblume *(Iberis sempervirens);* Polsterphlox *(Phlox subulata)*
für Stein- und Mauerfugen Stachelnüsschen *(Acanea buchananii);* Blaukissen *(Aubrieta);* Dalmatinerglockenblume *(Campanula portenschlagiana);* Hornkraut *(Cerastium tomentosum);* Gelber Lerchensporn *(Corydalis lutea);* Herbstenzian *(Gentiana sino-ornata);* Zwergstorchschnabel

(Geranium cinereum ssp. *subcaulescens);* Nelkenwurz *(Geum);* Schleierkraut *(Gypsophila paniculata)*

Wasserrand

Für die Randgebiete von Wasserflächen – einer Zone feuchten bis sumpfigen Bodens inklusive des flachen Wassers – eignen sich spezielle Sumpfstauden für feuchte bis nasse, zeitweilig überflutete bzw. abtrocknende Böden. Ist der Gartenteich zum Beispiel aber eingefasst, fühlen sich dort gleichfalls Stauden wohl, die feuchte, wasserhaltende Böden tolerieren (siehe Seite 16).

Staudenbeispiele für den Lebensraum Wasserrand

Kriechender Günsel *(Ajuga reptans);* Frauenmantel *(Alchemilla mollis);* Wiesenknöterich *(Bistortata affinis);* Japansegge *(Carex morrowii);* Wasserdost *(Eupatorium);* Taglilie *(Hemerocallis);* Sumpfschwertlilie *(Iris pseudacorus);* Pfennigkraut *(Lysimachia nummularia);* Blutweiderich *(Lythrum salicaria);* Chinaschilf *(Miscanthus sinensis);* Sumpf-Vergissmeinnicht *(Myosotis palustris);* Königsfarn *(Osmunda regalis);* Gelenkblume *(Physostegia);* Primel-Arten *(Primula);* Trollblume *(Trollius chinensis)*

Stauden richtig pflanzen

Pflanzzeit

Die Hauptpflanzzeit für Stauden ist im Frühjahr, etwa von März bis Mitte Mai, und dann wieder im Herbst, etwa ab Ende August bis Anfang November. Wurden die Pflanzen in Töpfen kultiviert und ist der Boden frostfrei, ist sogar eine ganzjährige Pflanzung möglich, obwohl sich die Bewurzelung der Jungpflanzen zur wärmeren Jahreszeit einfach leichter tut. Etwas empfindlichere Pflanzen wie zum Beispiel Japananemonen *(Anemone japonica)* oder Fackellilien *(Kniphofia)* sollten auf jeden Fall im

Frühjahr für die Pflanzung in Töpfen vorgezogen werden, bevor man sie an Ort und Stelle setzt. Auch Farne, Gräser, Chrysanthemen, Astern und Lupinen haben Sonderwünsche – sie ziehen eindeutig das Frühjahr vor, um in die Erde zu kommen.

Bodenvorbereitung

Da Stauden oft mehrere Jahre an ihrem Platz bleiben, heißt es, die vorgesehene Stelle bzw. den entsprechenden Boden gut vorzubereiten. Standen dort bereits Pflanzen, genügt es in der Regel, den Boden mit der

Grabgabel möglichst tief zu lockern, von Unkraut zu befreien und mit etwas Kompost zu versehen. Wird hingegen eine Fläche neu bepflanzt, sollte der Boden etwa drei Wochen vor der geplanten Pflanzung bis etwa zwei Spaten tief umgegraben und sorgfältig von allen Unkräutern und Steinen befreit werden. Die Zeit, die man hierfür investiert, macht sich später auf jeden Fall bezahlt. Dann werden Rindenmulch und Kompost untergemischt, direkt vor der Pflanzung noch einmal alles zerkleinert und zum Abschluss mit organischem Dünger (Hornspäne, Knochenmehl etc.) versehen. Schwere Lehmböden sollte man grundsätzlich durch das Einarbeiten von Sand, Rindenkompost oder Ähnlichem auflockern. Leichte Sandböden können mit Kompost, lehmigem Mutterboden und Rindenmulch verbessert werden.

Pflanz- und Gestaltungstipps

Bevor die Stauden in das vorbereitete Beet eingepflanzt werden, sollte man sie gründlich wässern, um ein optimales Anwachsen zu ermöglichen. Nach dem Wässern werden die Pflanzen ausgetopft und an die vorhergesehene Stelle gelegt. Schon jetzt muss auf den richtigen Pflanzabstand geachtet werden. Häufig neigt man dazu, die Pflanzen zu dicht zu setzen, um schon von Beginn an einen dichten Blütenflor zu erhalten. Sind die Stauden dann jedoch herangewachsen, bedrängen sie sich gegenseitig, nehmen sich Licht und Nahrung weg, und es bleibt nichts anderes übrig, als einen Teil wieder auszugraben und umzusetzen. Als grobe Faustregel kann gelten: Bei kleinen Stauden einen Abstand von 20 cm und bei großen Pflanzen zwischen 40 und 50 cm einhalten.
Selbstverständlich muss man sich auch bereits vor der Pflanzung Gedanken über das spätere Aussehen des Beets oder der Rabatte machen. So genannte Leitstauden – besonders ausdrucksstarke und ins Auge fallende Pflanzen, die Schwerpunkte setzen und optisch dominieren – bilden das Grundgerüst der Pflanzung und werden als erste gepflanzt, vorzugsweise in kleinen Gruppen. Danach folgen farblich abgestimmt oder auch

bewusst Kontrapunkte setzend niedrigere Begleitstauden. Bezüglich der Größen auch hier eine Faustregel: Höher wachsende Arten in den hinteren Bereich, niedrige nach vorn, oder mit anderen Worten „Staffelung nach Wuchshöhe“. Mögliche Lücken werden mit farblich sich etwas zurückhaltenden Füllstauden oder bei entsprechendem Standort auch mit Blattstauden oder niedrigeren Gräsern besetzt. Mindestens genauso wichtig sind Blütenfarbe und Blütezeit, damit nicht alles zusammen in ei-

nem einzigen Feuerwerk der Farben abblüht, um für die restliche Zeit des Jahres nur noch mit spärlichem Blütenflor aufwarten zu können. Mit etwas Geschick bei der Auswahl blüht es das gesamte Vegetationsjahr über – von Langeweile kann dann keine Rede sein.
Stark durchwurzelte Ballen sollte man seitlich mit dem Messer einritzen, um die Staude möglichst schnell zu neuer Wurzelbildung anzuregen. Mit einer Pflanzschaufel wird ein Loch gegraben, groß und breit genug, um den Ballen samt allen Wurzeln bequem aufzunehmen. Prinzipell müssen die Pflanzen genau so tief in den Boden eingepflanzt werden, wie sie in ihrem Topf gestanden haben. Ballenrand bzw. der Sprossansatz schließen dabei mit der Erdoberfläche ab. Nun wird mit Erde aufgefüllt, bis alle Hohlräume zwischen den Wurzeln gefüllt sind, und die Erde rings um die Pflanze mit den Fingern kräftig angedrückt. Nach dem Einsetzen gilt es, die Pflanzen noch einmal kräftig zu wässern.

TIPP

Stecketiketten erleichtern das Wiederfinden von einziehenden Stauden, die erst spät im Frühjahr austreiben, und vermeiden, dass man beim Jäten versehentlich das falsche Pflänzlein auszupft.

Stauden richtig pflegen

Die meiste Pflege verlangen die Stauden im ersten Jahr ihrer Pflanzung. Das Unkraut freut sich über die noch vergleichsweise großen freien Flächen, da heißt es Hand anlegen und eifrig jäten. Eine elegante Lösung wären jedoch auch rasch wachsende Sommerblumen, übergangsweise dazwischen gepflanzt, oder man bedeckt die Freiflächen mit einer dicken Schicht Mulch.

Düngen

Bei hoch gezüchteten und anspruchsvollen Beetstauden empfiehlt sich, besonders, wenn der Boden vergleichsweise nährstoffarm ist, mindestens im Frühjahr eine zusätzliche Düngung. Je nach Nahrungsbedarf kann eine Nachdüngung im Sommer sinnvoll sein. Am besten eignen sich organische Dünger wie Hornspäne, Horn-, Knochen- und Blutmehl, die man zwischen den Pflanzen ausstreut. Da sie sich nur allmählich zersetzen, sind diese organischen Dünger von länger anhaltender Wirkung. Eher abzuraten ist von einer Düngung mit mineralischen Voll- oder Mehrnährstoffdüngern. Zu ihnen sollte man wirklich nur bei akuten Mangelerscheinungen greifen, da sie allzu oft mehr schaden als nützen. Das gilt insbesondere für Wildstaudenpflanzungen. Grundsätzlich lockert man im Frühjahr den Boden rund um die Staudenpflanzen vorsichtig auf und arbeitet dabei Laubreste, Kompost oder die eben genannten Dünger ein. Jetzt ist außerdem die richtige Zeit, Gräser und viele der bizarre Fruchtstände tragenden Wildstauden zurückzuschneiden.

Schnitt

A propos Schnitt – die Schere kann wichtiger als jede Düngung sein. Der richtige Schnitt zum richtigen Zeitpunkt dient beim so genannten **Verjüngungsschnitt** zur Erhaltung und Verlängerung der Lebens- und Wuchskraft, zur Wiederholung und Vermehrung des Blütenflors und trägt wesentlich zur Widerstandfähigkeit der Pflanzen bei. Und im Falle des **Pflegeschnitts** außerdem dem gepflegten und sauberen Äußeren. Im Sommer bedeutet dies bei den Beetstauden Rückschnitt nach der Hauptblüte, ohne falsche Rücksicht auf einzelne Nachblüten nehmen zu wollen. Auch Bodendecker sollten nach der Blüte zurückgeschnitten werden, damit diese neu treiben. Verwelktes und Verblühtes wird selbstverständlich über die gesamte Vegetationszeit regelmäßig entfernt. Im Spätherbst folgt dann ein bodennaher Schnitt.
Eine Ausnahme bilden Gräser, Farne oder Stauden mit besonders attraktiv geformten Samen und Fruchtständen, die erst im folgenden Frühjahr geschnitten werden. Mit Raureif oder Schnee bedeckt, verzaubern sie den winterlichen Garten und bieten Vögeln sowie Insekten in der kalten Jahreszeit willkommenen Unterschlupf und Nahrung. Trockene Blatt- und Blütenstiele sollte man aber auch hier entfernen. Ähnlich behutsam wird man bei Wildstaudenpflanzungen vorgehen.
Bei den zurückgeschnittenen Stauden folgt als **Wintervorbereitung** ein flaches Umgraben um die Pflanze, natürlich ohne dabei das Wurzelwerk zu verletzen. Heruntergefallenes Laub darf liegen bleiben, es bildet eine natürliche Wärmeschutzschicht. Allgemein sind Stauden winterhart, trotzdem behagt den etwas empfindlicheren Arten eine Winterabde-

ckung mit Laub, Reisig oder Rindenmulch. Diese Abdeckung verrottet im Laufe des Winters. Was im März noch von ihr übrig ist, sollte dann aber unbedingt weggenommen werden, damit die Stauden durch die Wärme nicht zu früh treiben und bei späten Frösten Schaden nehmen. Bei immergrünen Stauden muss zudem darauf geachtet werden, dass sie nicht vertrocknen. Bei lang anhaltender trockener Kälteperiode bedeutet dies daher auch im Winter gießen.

TIPP

Gräser wie Chinaschilf (Miscanthus sinensis) *und Pampasgras* (Cortaderia selloana) *oder auch Stauden mit dichten Blattschöpfen wie beispielsweise Fackellilien* (Kniphofia) *sollten im Winter locker zusammengebunden (Schneebruch) und im Wurzelbereich mit einer wärmenden Laubschicht versehen werden.*

Keine Regel ohne Ausnahme. **Wildstauden** möchten bei weitem nicht so in Pflegemaßnahmen eingebunden werden wie die züchterisch „verweichlichten" Pracht- und Beetstauden. Zwar sollte man auch bei ihnen bis zu ihrem Ein- und Zusammenwachsen jäten, hacken und eventuell wässern, nach ein bis zwei Jahren wirken dagegen gerade solche Maßnahmen kontraproduktiv und verhindern die erwünschte Ausbreitung und Besiedelung ihres Lebensraumes. Wildstauden sind in der Lage, sich schnell gegenüber Unkräutern durchzusetzen – vorausgesetzt sie wurden ihren Standortansprüchen gemäß gepflanzt. Auch Verdorrtes sollte im Herbst stehen bleiben: es verrottet und versorgt die Pflanzen ganz natürlich mit Nährstoffen. Eine eingewachsene Wildstaudenpflanzung braucht daher keine Düngergaben und muss auch nicht gegossen werden, da die Bodenfeuchtigkeit im Allgemeinen ausreicht. Bei extrem trockener Witterung schadet allerdings ein Prüfen des Bodens und bei Bedarf eine Wassergabe trotzdem nicht.

TIPP

Halbhohen und hohen Stauden mit schweren Blütenständen, wie Rittersporn (Delphinium), *einigen Astern-Arten* (Aster), *Lupinen* (Lupinus) *oder auch Sonnenhut* (Rudbeckia) *sollte man mit im Handel erhältlichen Staudenringen Halt geben oder locker an einem Stützstab zusammenbinden.*

Verjüngen und Vermehren

Hobbygärtner mit wenig Zeit wissen es zu schätzen: Wildstauden säen sich Jahr für Jahr immer wieder selbst neu aus und bleiben auf diese Weise vital. Pracht- und Beetstauden zu verjüngen bzw. zu vermehren verlangt dagegen etwas mehr Aufwand. Das Trennen älterer oder zu üppig gewordener Pflanzstöcke ist dabei nicht nur die einfachste Art der Staudenvermehrung, sie ist zudem wichtig, um die Pflanze zu verjüngen. Denn etwa nach fünf bis sechs Jahren ist selbst bei regelmäßigem Mul-

chen und Düngen der Boden meist ausgelaugt, die Blühkraft der Staude hat deutlich nachgelassen, ihre Mitte kahle Stellen bekommen. Spätestens jetzt muss umgepflanzt und verjüngt, das heißt geteilt werden. Aber Achtung: Nicht alle Stauden lassen sich problemlos umpflanzen. Einige brauchen etliche Jahre, um sich von dem Eingriff zu erholen. Dazu gehören beispielsweise: Stockmalve *(Alcea rosea)*, Pfingstrose *(Paeonia)*, Türkenmohn *(Papaver orientale)*, Lupine *(Lupinus)* und Tränendes Herz *(Dicentra spectabilis)*.

Der beste Zeitpunkt für eine **Teilung** ist das Frühjahr, sobald die ersten Triebe erscheinen, oder der Herbst, wenn die Pflanzen in die Ruhezeit wechseln; bei Pflanzen, die nach der Blüte einziehen, sollte die Teilung sofort nach der Blüte geschehen. Hierzu wird, bei nicht zu nassem Boden, die betreffende Pflanze mit einer Grabgabel ausgegraben, der Pflanzenballen vorsichtig herausgehoben, so viel „alte" Erde wie möglich entfernt und abgestorbene Wurzeln und Stiele abgeschnitten. Dann kann die Pflanze in zwei oder mehrere Stücke geteilt und die schönsten Einzelstücke neu eingepflanzt werden. Wichtig: jedes Teil muss einige Blätter und Triebknospen aufweisen. Und noch ein Tipp: Beim Wiedereinpflanzen der Stauden sollte man darauf achten, dass keine an ihren alten Standort kommt.

Stauden wie Akelei *(Aquilegia vulgaris)* oder Mohn *(Papaver)*, die lediglich eine weit in den Boden reichende Pfahlwurzel besitzen, werden im Frühjahr durch **Stecklinge** oder **Wurzelschnittlinge** vermehrt. Auch für andere Stauden ist eine Vermehrung durch Stecklinge möglich. Dazu schneidet man, ebenfalls im Frühjahr, Jungtriebe oder Triebspitzen (Kopfstecklinge) mit bis zu drei Blattpaaren ab. Die Stecklinge werden in Anzuchterde gesetzt und bis zum Auspflanzen im Herbst an einem geschützten Ort gezogen.

Viele Stauden, insbesondere die Wildstauden, lassen sich ebenfalls gut durch **Aussaat** vermehren. Hier gilt es, die besonderen Keimbedingungen der jeweiligen Pflanzensamen zu beachten. Fast immer enttäuschend

verläuft allerdings der Versuch, züchterisch stark veränderte Beet- oder Prachtstauden auf diese Art zu vermehren. Einige entwickeln schon gar keine Samen mehr, und von den meisten ist der Nachwuchs bei weitem nicht so prächtig anzuschauen, da er selten alle Merkmale der Mutterpflanze mitbringt. Möchte man trotzdem solche Stauden aus Samen selbst heranziehen, ist der Griff nach speziellem Saatgut aus dem Handel eindeutig die bessere Wahl.

Pflanzenschutz und Schädlingsbekämpfung

Stimmen Standort und Pflege, danken die in der Regel robusten Stauden mit einem gesunden, langen Leben. Besondere Schutzmaßnahmen sind dann meist überflüssig bzw. halten sich in Grenzen. Ein zwar gut gemeintes Zuviel an Dünger, zu dichte Pflanzung, aber auch Staunässe durch zu viel Wasser verursachen viel eher Krankheiten und Unwohlsein der Stauden, als es durch echten Krankheitsbefall geschieht. Trotzdem kann es zu Pilzerkrankungen kommen wie Echter Mehltau, Grauschimmel, Rost – häufig bei Stockrosen – oder Viruserkrankungen wie etwa bei den Pfingstrosen. Mit Blattläusen und Spinnmilben werden die Stauden meist selbst fertig, leider können diese Schädlinge Viren übertragen. Stark befallene Pflanzen sollte man daher komplett entfernen – mit Wurzelwerk. Ansonsten ist jedoch, im wahrsten Sinne des Wortes, gegen fast alles ein Kraut gewachsen, das auf vergleichsweise sanfte Art Krankheiten und Schädlinge abwehrt. Als nur einige Beispiele von vielen seien hier die kräftigende Brennnesseljauche genannt, ein Tee aus Thymian, der Erdraupen verscheuchen hilft, oder eine Brühe aus Zwiebelschalen, die gegen Milben, Blattläuse und sogar bei Pilzkrankheiten hilft. Auch der Handel hält solch sanfte Mittel bereit. Von der „chemischen Keule“ ist dringend abzuraten, sie verspricht zwar den schnellen Erfolg, zerstört jedoch „Freund und Feind“ gleichermaßen.

Besonders in nassen Jahren und nach milden Wintern können Schnecken speziell bei den Jungpflanzen ein wahres Schlachtfeld hinterlassen und zur Plage werden. Schneckenzäune, Kriechhindernisse (Sand, Holzspäne, Tannennadeln) oder Lockpflanzen (Tagetes, Kapuzinerkresse) halten die hungrigen Schnecken zwar nicht zu 100 % ab, den Fraßschaden aber immerhin in Grenzen. Ansonsten hilft nur regelmäßiges Absammeln in den frühen Morgen- oder späten Abendstunden. Eine weitere Möglichkeit wäre das Auslegen Schnecken abwehrender Duftstoffe, die es im Handel zu kaufen gibt. Von Schneckengift ist abzuraten, da es auch die natürlichen Feinde der Schnecken wie Igel und Kröten schädigt.

Acaena buchananii

Familie Rosengewächse *(Rosaceae)*

Herkunft Australien, Neuseeland, Feuerland

Wuchs Teppichähnlich bis polsterförmig, 5–10 cm hohe Stängel; fünf- bis sechspaarige, gefiederte, wintergrüne Blätter, Ober- und Unterseite silber- oder graugrün mit gezähntem Blattrand.

Stachelnüssche

Blütezeit/Blüte Juni – Juli. Kugelige, unscheinbare Blütenköpfe mit grünen bis gelblichbraunen Kelchstacheln.

Standort Sonne bis Halbschatten in leichter oder durchlässiger Erde, bevorzugt Sommertrockenheit.

Pflanzen/Vermehren Aussaat im Frühjahr, Pflanzen und Teilen im Herbst oder Frühjahr.

Pflege Anspruchslos, kaum Pflege notwendig; Ausbreitung aushacken.

Verwendung Der wintergrüne Bodendecker bedeckt schnell und zuverlässig größere Freiflächen und erobert sommertrockene Plätze an Terrassen und Böschungen. Passende Nachbarpflanzen sind Kleingehölze mit oder ohne Unterpflanzung sowie hoch wachsende Blütenstauden und Gräser.

INFO

Die auffälligen, stacheligen, roten Fruchtstände – erscheinen im Juli/August – sind ein hübscher Fruchtschmuck und harmonieren bestens mit dem miniaturrosenähnlichen Laub. Hübsche, Kontraste setzende Blattfarben besitzen die breit wachsende Sorte 'Breisgau' mit ihrem olivgrünen Laub oder das Blaugraue Stachelnüsschen (Acaena caesiiglauca) *mit grauen Blättern.*

Achillea filipendulina

Familie Korbblütengewächse *(Asteraceae)*

Herkunft Asien

Wuchs Robuste horstartige Staude zwischen 60–120 cm Höhe, mit kräftigen, straff aufrechten Stängeln und fein gefiedertem, dunkel- bis graugrünem Laub.

Blütezeit/Blüte Juni – September. Bei der Art bis zu handtellergroße, intensiv goldgelbe Blütenschirme, bei Sorten auch hell- oder schwefelgelbe, lachsrosa oder sogar feuerrote schirmartige Blütenstände aus zahlreichen kleinen Blüten.

Standort Vollsonnig bis absonnig; lockerer, frischer, humoser, nährstoffreicher Boden.

Pflanzen/Vermehren Pflanzung bevorzugt im Frühjahr mit 30–40 cm Abstand; Vermehrung durch Teilung nach der Blüte, bei der reinen Art sowie einigen Sorten auch durch Aussaat möglich, Samen dabei aber nicht oder nur ganz dünn mit Erde bedecken (Lichtkeimer).

Pflege Vergleichsweise anspruchslos und pflegeleicht; hoch und dicht gewachsene Exemplare zusammenbinden, bei Bedarf stützen; bei anhaltender Trockenheit gründlich gießen; Verblühtes entfernen, um den Nachflor anzuregen; im Spätherbst bis auf eine Handbreit über dem Boden zurückschneiden; kräftige Pflanzenstöcke alle 3–5 Jahre durch Teilung der Wurzelballen verjüngen.

Verwendung Als Leit- und Begleitstaude für Beete und Rabatten. Besonders gut passt sie zu hohen Sommerblühern wie Salbei *(Salvia)*, Glockenblumen *(Campanula)*, sehr hübsch auch zu Rosen *(Rosa)*.

Goldgarbe, Edelgarbe

TIPP

Die Blütenschirme der Goldgarbe sind dankbare Vasenblumen, wenn man sie schneidet, bevor sie völlig aufgeblüht sind. Getrocknet sind sie ein aparter Schmuck für Gestecke.

Aconitum carmichaelii

Familie Hahnenfußgewächse *(Ranunculaceae)*

Herkunft Gebirgslagen der nördlichen Halbkugel

Eisenhut

Wuchs Horst mit aufrechten, straffen, 90–120 cm hohen, im oberen Teil verzweigten Stängeln und dunkelgrünen, tief zerteilten Blättern; knollig verdickte Wurzel.

Blütezeit/Blüte September – November. Endständiger, lockerer, dunkelblauer Blütenstand mit helmförmigen Einzelblüten.

Standort Halbschatten bis Schatten; feuchte, humose, gut mit Nährstoffen versorgte Böden. Die winterharte Staude bevorzugt den gleichen Platz über mehrere Jahre und dankt es dann mit prächtigem Wachstum.

Pflanzen/Vermehren Im Frühjahr oder im Herbst bis spätestens Oktober; Vermehrung durch Teilen im Frühjahr.

Pflege Welke Blätter und Verblühtes entfernen; nach der Blüte handhoher Rückschnitt der Pflanze und etwas Kompost geben.

Verwendung Alle Eisenhüte sind sehr vielfältig einsetzbar: als Staudenpflanze am Gehölzrand oder auf offenen Beeten, in der Nachbarschaft mit klein bleibenden Sträuchern, Rosen, Astilben oder Farnen, auf Staudenbeeten mit hoch wachsenden Stauden wie Paeonien, Lilien oder Anemonen, zusammen mit mittelhohen oder kleinen Stauden oder einzeln mit niedrig bleibenden Bodendeckern. Dankbare Schnittblume, man schneidet sie, wenn von den Einzelblüten das erste Drittel aufzublühen beginnt.

INFO

Der Eisenhut (Aconitum carmichaelii) *ist in allen Teilen giftig. Im Handel sind mehrere Arten* (Aconitum sp.) *und Hybriden erhältlich, wobei letztere eine hohe Farbauswahl in ihren Sorten bieten.*

Adonis amurensis

Familie Hahnenfußgewächse *(Ranunculaceae)*

Herkunft Höhenlagen Koreas, Japans und der Mandschurei

Wuchs Kompakte, aus einem Wurzelstock sich entwickelnde 10–20 cm hohe Pflanze; bräunliche Schuppenblätter der Triebe entfalten sich in farnartig gefiederte Laubblätter; nach der Blüte zieht die Pflanze sich in den Boden zurück.

Blütezeit/Blüte Februar – März. Goldgelbe, schalenförmige, eingeschnittene Blüten erscheinen vor den Blättern, die Blütezeit kann sich durch bildende Seitentriebe etwas verlängern; im Gegensatz zu vielen anderen Hahnenfußgewächsen ist bei dieser Art die Blüte in hellgrüne Kelch- und goldgelbe Kronblätter unterteilt.

Standort Sonnig bis halbschattig und warm; humose bis steinige Gartenerde.

Pflanzen/Vermehren Pflanzung bevorzugt im Herbst; Vermehrung durch Teilen nach der Blüte ist nur bei älteren Pflanzen erfolgreich.

Pflege Anspruchslos, nur bei Trockenheit gießen; Verwelktes und Verblühtes entfernen; ab August die Pflanzstelle markieren.

Verwendung Unter lichten Gehölzen, am Gehölzrand, in Stein- und Heidegärten zeigt das Amur-Adonisröschen seinen besonderen Charme. In der Nachbarschaft gedeiht es mit Pflanzen, die wie Schneeglöckchen *(Galanthus)*, Krokus *(Crocus)* oder Schattensteinbrech *(Saxifraga umbrosa)* ihren Wildpflanzencharakter bewahrt haben, oder es dient der Auflockerung von Steingärten oder Trockenpflanzenbeeten.

Amur-Adonisröschen

INFO

Adonisröschen sind wertvolle Nahrungspflanzen für Bienen. Von der Art werden über 50 Sorten mit verschiedenen Blütenformen – anemonenartig und gefranst – sowie zahlreichen Blütenfarben – weiß, grünlich, orangerot oder purpurn getönt – kultiviert.

Ajuga reptans

Familie Lippenblütengewächse *(Lamiaceae)*

Herkunft Europa

Wuchs 15–20 cm hohe Pflanze mit mattenartiger Ausbreitung; durch erneutes Bewurzeln der oberirdischen, wintergrünen Triebe werden in der Wachstumszeit fortwährend neue Ausläufer gebildet; je nach Sorte grüne bis bräunlich rote, spatelförmige, metallisch glänzende Blätter.

Kriechender Günsel

Blütezeit/Blüte April – Juni. Blaue, einzelne Lippenblüten quirlig um den aufrechten Stängel angeordnet, erscheinen wie ein gemeinsamer ährenartiger Blütenstand.

Standort Halbschatten bis Schatten; gedeiht auf humosen bis steinigen Böden, mäßig feucht bis trocken.

Pflanzen/Vermehren Im Frühjahr zu mehreren in Gruppen pflanzen; zur Vermehrung bei feuchtem Wetter Ableger mit dem Spaten abstechen oder Ausläufer abtrennen.

Pflege Anspruchslose Pflanze; nur bei Trockenheit gießen, gelegentlich verwelkte Triebe entfernen, sonst keine Pflege; nicht düngen; die gern wuchernden Pflanzen durch halb in den Boden vergrabene Steine oder Holz begrenzen.

Verwendung Der Kriechende Günsel ist ein schöner, wüchsiger Bodendecker, dem man jedoch seine Grenzen zeigen sollte (s. o.). Die reichlich blühende Insektenfutterpflanze eignet sich gut als Unterpflanzung von Gehölzen, Rosen oder hoch wachsenden Stauden.

TIPP *Die Sorte* 'Atropurpurea' *hat braunrote Blätter und blüht lilablau. Verschiedene Sorten in Gruppen nebeneinander gepflanzt, erzielen schöne Farbeffekte. Diese Kombination passt generell gut zu grau- oder silbrigblättrigen Pflanzen.*

Alcea rosea

Familie Malvengewächse *(Malvaceae)*

Herkunft Asien, Europa

Wuchs Zweijährige, teilweise auch mehrjährige, Horste bildende Staude, aufrechte, 150–200 cm lange Stängel; große, herzförmige, fünf- bis siebenlappig geteilte und rauhaarige Blätter.

Blütezeit/Blüte Juli – September. Einfache oder gefüllte Blüten, in endständigen Ähren angeordnet, von unten nach oben aufblühend; typisch alle Rosa- und Rottöne, auch Gelb, bei Sorten zudem Schwarzrot oder Weiß.

Standort Sonnig bis lichter Schatten; wind- und regengeschützt in lockerer, humoser Gartenerde.

Pflanzen/Vermehren Am einfachsten durch Aussaat direkt an den gewünschten Standort; Vermehrung gern durch Selbstaussaat; auch einjährig kultivierbar.

Pflege Bei Trockenheit regelmäßig gießen, dabei die Blätter nicht mit Wasser benetzen; auf Rostbefall achten, befallene Blätter und Triebe sofort entfernen; Stütze durch lockeres Zusammenbinden am besten an einem Stab empfehlenswert; handbreiter Rückschnitt im Herbst; eine Kompostgabe im Herbst sowie im Frühjahr fördern Wachstum und Blühfreude.

Stockrose, Bauernrose, Rosenpappel

Verwendung Die Stockrose zählt auch heute noch zu den typischen Bauergartenblumen. Man pflanzt sie auf Beete und Rabatten in Gesellschaft mit anderen Stauden wie Eisenhut *(Aconitum)* oder Hohem Staudenphlox *(Phlox paniculata)*. In Bauerngärten lockert sie Gemüsebeete auf. In Gruppen gepflanzt verdeckt sie geschickt Zäune und Hauswände.

TIPP

Die Stockrose kann sogar in einem großen Kübel gezogen werden und eignet sich außerdem hervorragend als Schnittblume für Bauernsträuße.

Alchemilla mollis

Familie Rosengewächse *(Rosaceae)*

Herkunft Gebirge, gemäßigtes Klima

Wuchs Dichtbuschig, kräftig wachsend, 30–50 cm hoch; rundliche, graugrüne, eingebuchtete und leicht behaarte Blätter.

Frauenmantel

Blütezeit/Blüte Juni – Juli. Reichliche, hellgelbe bis grüngelbe, winzige und etwas duftende Einzelblüten auf über die Blätter hinausragenden Blütenstängeln.

Standort Sonnig bis halbschattig in normalen bis nährstoffreichen, humosen, mäßig trockenen bis frischen Gartenböden.

Pflanzen/Vermehren Im Frühjahr aussäen oder pflanzen; auch Selbstaussaat.

Pflege Anspruchslos, robust; ebenerdiger Rückschnitt im Spätherbst.

Verwendung Der wüchsige Frauenmantel ist vielseitig verwendbar. Mit seinem grüngelben Blütenschleier fügt er sich harmonisch in Staudenbeete ein und kann sogar als Bodendecker verwendet werden. Mit vielen Halbschatten liebenden Blütenstauden, wie z. B. weiß blühenden Glockenblumen *(Campanula)* oder Primeln *(Primula)*, lassen sich attraktive Pflanzenarrangements erzielen. Dank seiner zierenden Blätter wirkt er auch außerhalb der Blütezeit gut vor kleineren Sträuchern oder am Fuß hoch wachsender Blütenstauden. An Böschungen bewähren sich Kombinationen mit Bergenien *(Bergenia)*, und als Randbepflanzung zum Gartenteich bildet er einen eleganten Übergang zu anderen Gestaltungselementen des Gartens.

TIPP

Bei flächigeren Bepflanzungen reichen 5 Pflanzen pro Quadratmeter. Die Blütenstängel halten sich auch in der Vase.

Alyssum saxatile syn. Aurinia saxatilis

Familie Kreuzblütengewächse *(Cruciferae)*

Herkunft Mittel- und Südosteuropa, Kleinasien

Wuchs Krautartiges, hängendes, halbkugeliges Polster, 10–30 cm hohe Stängel, mit den Jahren an der Basis verholzend; weichfilzige, spatelförmige Blätter, Grundblätter bis 10 cm lang.

Blütezeit/Blüte Juni – Juli. Traubige Dolden über den Blättern stehend; vielzählige, leuchtend gelbe, kleine, lieblich bis süßlich duftende Einzelblüten.

Standort Sonne; kalkhaltige, steinige, magere bis karge, trockene Böden.

Pflanzen/Vermehren Pflanzung bevorzugt im Frühjahr oder Herbst; auf lange Pfahlwurzeln achten. Vermehrung durch Aussaat oder durch Stecklinge, samt sich auch relativ gut selbst aus.

Pflege Anspruchslos, am besten ungestört wachsen lassen.

Verwendung Das Steinkraut, auch Schwefelsteinrich genannt, ist eine typische Steingartenpflanze, wird aber ebenso zur Bepflanzung größer Trockenmauerfugen oder in Verbindung mit Stufen und Plattenbelägen eingesetzt. Durch sein gedrungenes, halbkugeliges Polster verschönert es Mauerkronen, an denen es in dichten Wolken herabhängen kann. Zusammen mit der weiß blühenden Schleifenblume *(Iberis sempervirens)* auf Böschungen gepflanzt, bildet es ein helles Blütenmeer. Hübsch wirkt es als Wegeinfassung, und auf kleineren Flächen bietet sich eine Kombination mit frühjahrsblühenden Zwiebelpflanzen an. Das Steinkraut kann auch in Kübel oder Tröge gepflanzt werden.

TIPP

Das Steinkraut steht an seinen Wildstandorten unter Naturschutz und dient Insekten, speziell Bienen, als Futterquelle. Neben der reinen Art bietet der Handel zahlreich verschiedene Sorten an: die Sorte **'Citrinum'** *blüht beispielsweise zitronengelb, die gelben Blüten der Sorte* **'Plenum'** *sind gefüllt.*

Anemone blanda

Familie Hahnenfußgewächse *(Ranunculaceae)*

Herkunft Eurasien

Wuchs Knolliger Wurzelstock, breitet sich durch unterirdische Rhizome aus, etwa 10–15 cm hoch; stark geteilte, farnartige Blätter, oft auf dem Boden liegend; im Sommer einziehend.

Strahlenanemone, Berganemone

Blütezeit/Blüte März – April. Weiße, rosafarbene, violette oder blaue Zungenblüten, innen gelb und weiß.

Standort Halbschatten in lockeren, humosen, feuchten, durchlässigen Böden.

Pflanzen/Vermehren Im Frühjahr pflanzen, im Sommer durch Abtrennen der Knollen vermehren; Selbstaussaat.

Pflege Anspruchslos; Förderung der Pflanzenentwicklung durch etwas Kompost im Herbst; empfindlich gegen offenen Frost, daher oft Winterschutz erforderlich.

Verwendung Die farbenprächtige Blütenstaude bildet im Frühjahr auf größeren Flächen dichte Blütenteppiche, dafür benötigt sie jedoch einen ungestörten Platz. Auch als Unterpflanzung von Gehölzgruppen oder am Gehölzrand ist die Strahlenanemone ein ausgesprochen aparter Blickfang. Sie eignet sich hervorragend zum „Verwildern" in Steingärten, auf Wiesen und Staudenrabatten. Zusammen mit Schneeglöckchen und Winterlingen leitet sie einen bunt blühenden Frühling ein.

TIPP

Ab den Sommermonaten ist durch das Einziehen der Blätter von der Pflanze nicht mehr viel zu sehen. Günstig sind entweder Markierungen, um die Knollenwurzeln nicht zu verletzen, oder eine gemischte Bepflanzung.

Anemone japonica

Familie Hahnenfußgewächse *(Ranunculaceae)*

Herkunft Japan

Wuchs Bis 70 cm hoch und etwa genauso breit; durch Wurzelausläufer Bildung großer Gruppen; zierliche, handförmig geteilte, grüne Blätter.

Blütezeit/Blüte September – Oktober. Reichlich halbgefüllte, leuchtend tief karminrosafarbene Blüten.

Standort Absonnig bis schattig auf feuchten, humosen Gartenböden.

Pflanzen/Vermehren Nur im Frühjahr in frischem Boden, besonders in den ersten Jahren nach der Pflanzung frostempfindlich; zum Vermehren aus Ausläufern gebildete Pflanzen abstechen.

Pflege Bei Trockenheit stets feucht halten; Verblühtes und Verwelktes entfernen; im Herbst mit Kompost versorgen; vor den ersten Frosttagen mit Laub bedecken.

Verwendung Die Japan-Anamone bringt Farbe und Licht in dunkle Ecken und belebt sie. Am besten setzt man sie vor Gehölze oder an den Rand von Staudenbeeten und Rabatten. Bauliche Begrenzungen gegen ihre Flächenausdehnung sind empfehlenswert. In Gruppen harmoniert sie mit anderen hoch wachsenden Stauden wie Eisenhut *(Aconitum)* und Farnen genauso wie mit blühenden Bodendeckern.

Japan-Anemone, Herbstanemone

TIPP

Verschiedene Anemonenarten und -sorten in Gruppen zusammen auf ein Beet pflanzen. Dies ergibt einen tollen Farbakzent und verlängert beträchtlich die üppige Blütezeit vom Frühjahr bis zum Herbst. Allerdings sollte man für Anemonen mehr Platz, als dies sonst für Stauden üblich ist, reservieren.

Anemone nemorosa

Familie Hahnenfußgewächse *(Ranunculaceae)*

Herkunft Europa, Nordostasien

Wuchs Aus einem flächigem Wurzelnetz, im Durchschnitt 15 cm hoch wachsend; dreiteilige und dreispaltige, gestielte Blätter.

Buschwindröschen

Blütezeit/Blüte März – Juni. 3 cm breite, weiße Blüten mit einem nach außen hin leicht geröteten Blütenrand; einzelne Blüten auf kurzen Stielen, ragen knapp über die sich vom Erdboden deutlich abzeichnenden Blätter heraus.

Standort Im lichten Schatten eingewurzelter Sträucher; bevorzugt humusreiche, etwas feuchte Böden.

Pflanzen/Vermehren Günstigste Pflanzzeit im Frühjahr, flächig ausbreitend; zur Vermehrung abstechen.

Pflege Nur bei anhaltender Trockenheit gießen, im ersten Jahr etwas frostempfindlich, eine geeignete Standortwahl ist wichtiger, sonst kaum Pflege erforderlich; gelegentlich Verwelktes und Verblühtes entfernen, im Herbst mit Kompost versorgen.

Verwendung Wie an ihrem natürlichen Standort pflanzt man die heimische Wildstaude zwischen Bäumen und Sträuchern oder am Gehölzrand, vor hoch wachsenden Anemonen oder mit anderen vorzugsweise kleinwüchsigen Stauden, aber auch zu Farnen sowie anderen Frühjahrsblühern. Als blühender, locker wirkender Bodendecker setzt das Buschwindröschen hübsche Akzente, harmoniert aber ebenso mit anderen Bodendeckern.

TIPP

Pflanzt man robuste Containerpflanzen zeitig im Frühjahr, so kann man sich noch im gleichen Frühling an der Blüte erfreuen. Das Buschwindröschen harmoniert generell mit vielen anderen früh blühenden Stauden und niedrigen Zwiebelpflanzen.

Antennaria dioica

Familie Korbblütengewächse *(Asteraceae)*

Herkunft Alpine Regionen im nördlichen Europa, Kaukasus, Sibirien

Wuchs Immergrüne, Matten bildende, flächendeckende Polster mit oberirdisch beblätterten, 5–15 cm hohen Ausläufern; ovale bis spitze, kleine Blätter; Blattunterseite weißfilzig behaart, kahle Oberseite.

Blütezeit/Blüte Mai – Juli. Mehrere kleine, dunkelrosa oder weiße Körbchenblüten in kleinen, relativ dichten Trugdolden, Blüten eingeschlechtlich und an verschiedenen Pflanzen sitzend.

Standort Sonnig in sandigen bis nährstoffreichen, durchlässigen lehmigen Gartenböden.

Pflanzen/Vermehren Bevorzugt im Frühjahr; Vermehrung durch Aussaat unter Glasabdeckung im zeitigen Frühjahr oder Teilung der Pflanzen ebenfalls im Frühjahr.

Pflege Anspruchslos, lediglich Staunässe vermeiden.

Verwendung Das Katzenpfötchen ist vielseitig verwendbar, da es den unterschiedlichsten Bodenansprüchen genügt. Haupteinsatzgebiet ist jedoch der Steingarten. Den beliebten Flächendecker pflanzt man auf Böschungen, Terrassen oder in Verbindung mit Stufen oder Platten. Zu den durch die Behaarung silbergrau wirkenden Blütenpolstern harmonieren niedrig wachsende Stauden wie Teppichthymian *(Thymus serpyllum)*, Blaukissen *(Aubrieta)*, Sonnenröschen *(Helianthemum)*, Islandmohn *(Papaver nudicaule)* oder auch kleinwüchsige Gräser. Die Blüten verschönern u. a. so manches Trockenblumengesteck.

..... *Katzenpfötchen*

INFO

Das Katzenpfötchen steht unter Naturschutz. Als alte Heilpflanze wird es in der Volksmedizin bei Harnwegserkrankungen eingesetzt.

Aquilegia vulgaris

Familie Hahnenfußgewächse *(Ranunculaceae)*

Herkunft Europa, Nordafrika

Wuchs 30–50 cm hoch, horstartig, später kräftige Wurzelstöcke ausbildend, meist verzweigte Stängel; gestielte, doppelt dreizählige Blätter, an der Oberseite dunkelgrün, unterseits blaugrün.

Gewöhnliche Akelei

Blütezeit/Blüte Mai – Juni. Weit über die Blätter hinausragende, bei der Art violettblaue, blaue oder blauweiße, selten weiße Blütenrispen, 3–10 leicht nickende Einzelblüten je Stängel, mit hakig gebogenen Spornen.

Standort Sonne bis lichter Schatten in guter, humoser, vorzugsweise leicht feuchter Gartenerde.

Pflanzen/Vermehren Im Frühjahr oder im Herbst; Vermehrung durch Teilen der Staude oder einfach durch Aussaat möglich.

Pflege Bei Trockenheit regelmäßig gießen; verwelkte Blätter und Verblühtes entfernen, samt leicht aus; ein handbreiter hoher Rückschnitt der kompletten Pflanzen nach der Blüte fördert die Nachblüte; im Herbst etwas Kompost geben.

Verwendung In Gruppen vor Gehölzen oder an den Gehölz-, Beet- oder Rabattenrand gepflanzt überzeugt die Akelei am besten. In Staudenbeeten in Gruppen mit mittelhohen bis niedrigen Stauden passen Funkien, oder man pflanzt sie als Begleitpflanze zu Beetrosen und anderen Frühjahrs- und Sommerblühern. Die in Wuchshöhe und Blütenfarben sehr variablen Gartenformen vermögen auf Grund ihrer fröhlichen Farben so gut wie jede Gartenecke zu beleben.

TIPP

Geschnittene, blühende Akeleien passen gut in Bauern- oder Wiesensträuße. Man schneidet sie, wenn das erste Drittel aufblüht. Die Wildform steht unter Naturschutz.

Artemisia stelleriana

Familie Korbblütengewächse *(Asteraceae)*

Herkunft Japan, Korea

Wuchs Immergrüne Staude, Triebe flach am Boden liegend oder etwa 40–60 cm hoch; aromatisch duftende, gefiederte Blätter, Triebe später am Grund verholzend; ganze Pflanze wie mit silbrig-weißem Filz überzogen.

Blütezeit/Blüte Juli – August. Kleine gelblich weiße Blütenköpfchen, in reich verzweigten Rispen, eher unscheinbar.

Pflanzen/Vermehren Pflanzung im Frühjahr; Vermehrung durch Teilen der Wurzelstöcke im Frühjahr oder Herbst.

Standort Sonnige, nicht zu trockene, durchlässige, sogar sehr sandige Böden möglich.

Pflege Anspruchslos und frosthart; verwelkte Pflanzenteile entfernen; ältere Pflanzen durch Teilen verjüngen.

Verwendung Die Blattschmuckpflanze wirkt gut vor Mauern oder Gehölzen. Als Bodendecker pflanzt man sie auf Böschungen oder Terrassen. Die silbrigen Blätter harmonieren mit allen Blütenstauden und setzen dabei hübsche Kontraste. Als Leitpflanzen kommen Anemonen *(Anemone)* oder Astern *(Aster)* in Frage. In Kombination mit anderen niedrig wachsenden Bodendeckern oder Blütenstauden, wie etwa allen Glockenblumenarten, passen sie hervorragend in den Steingarten. Auch in Naturgärten wächst die Edelraute noch gut, selbst auf ungünstigen Plätzen.

Edelraute, Silberraute, Silberwermut

TIPP

Die Vermehrung durch Teilung ist nach ein paar Jahren empfehlenswert, da die Pflanze sonst grüne Blätter bekommt.

Aruncus dioicus

Familie Rosengewächse *(Rosaceae)*

Herkunft Feuchte Waldregionen in Europa, Japan, China, Nordamerika

.....Geißbart, Waldgeißbart

Wuchs Horst bildend, zweihäusig, 120–180 cm hoch, starkes Rhizom; kräftige, aufrechte Stängel mit langen, grundständigen, bis fünffach gefiederten, kräftig grünen Blättern, gesägter Blattrand.

Blütezeit/Blüte Juni – Juli. Bis 50 cm lange, fedrige Rispen, die das Blattwerk deutlich überragen; weibliche Blütenstände reinweiß und gedrungen, männliche graziler und cremeweiß.

Standort Halbschattige bis schattige, kühlere Plätze in frischer bis feuchter, nährstoffreicher, humoser Gartenerde.

Pflanzen/Vermehren Pflanzung im Frühjahr; Vermehrung bevor der Wurzelstock verholzt durch Teilung im Frühjahr oder im Herbst, Aussaat im Herbst (Kaltkeimer).

Pflege Anspruchslos, an helleren Standorten auf gute Wasserversorgung achten; im Spätherbst ebenerdig zurückschneiden.

Verwendung Die beeindruckende, sehr ausdauernde Blütenwaldpflanze wirkt ihrem natürlichen Standort entsprechend am besten als einzelne Pflanze vor oder zwischen Gehölzen, braucht allerdings viel Platz. Auch zur teilweisen Umrahmung eines Gartenteiches ist sie sehr geeignet. Attraktive Kombinationen ergeben sich mit großen Farnen, blau blühendem Eisenhut *(Aconitum)*, hoch wachsendem Rittersporn *(Delphinium)*, Fingerhut *(Digitalis)* oder auch Glockenblumen *(Campanula)*.

INFO

Im Handel werden meist männliche Pflanzen angeboten. Eine besondere Sorte ist 'Kneiffii' *mit fein geschlitzten Blättern. Der Geißbart steht unter Naturschutz.*

Aster alpinus

Familie Korbblütengewächse *(Asteraceae)*

Herkunft Gebirgsregionen Europas, Asiens, Nordamerikas

Wuchs Mit dem Blütenstängel 20–25 cm hoch, gedrungen polsterförmig bis buschig, Stängel später am Grund verholzend; längliche, spatelförmige, rau behaarte Blätter, mehr in Bodennähe vorhanden.

Blütezeit/Blüte Mai – Juni. 4–5 cm breite Einzelblüten mit violetten, rosafarbenen oder weißen, radförmig angeordneten Zungenblüten, in der Blütenmitte gelbe Röhrenblüten.

Standort Sonnig bis vollsonnig in durchlässigen, kalkhaltigen, etwas feuchten Böden; bei optimalen Bodenbedingungen auch im Halbschatten wachsend.

Pflanzen/Vermehren Beste Pflanzzeit im Frühjahr; Vermehrung durch Teilen im dritten Jahr vor oder nach der Blüte stärkt außerdem Wachstum und Blühvermögen.

Pflege Bei anhaltender Trockenheit regelmäßig wässern, sonst kaum Pflege erforderlich; nach 3–4 Jahren Teilen oder Standortwechsel empfehlenswert.

Verwendung Die relativ niedrige Frühlingsaster ist prädestiniert für Böschungen, in Verbindung mit Stufen und Platten oder zur Bepflanzung von Fugen. In Steingärten und Rabatten passt sie in Gruppen gut zu ebenfalls kleinwüchsigen Stauden wie Johanniskraut *(Hypericum)*, Küchenschelle *(Pulsatilla)*, Schleierkraut *(Gypsophila)* oder Nelken *(Dianthus)*.

Frühlingsaster, Alpenaster

INFO

Die Gattung bietet eine Vielfalt von 600 Arten an. Die Frühlingsaster (Aster alpinus) *steht unter Naturschutz und wird von Insekten als Futterquelle sehr geschätzt. Ihre unzähligen Blüten ersetzen die nicht so starke Wuchsfreudigkeit.*

Aster dumosus

Familie Korbblütengewächse *(Asteraceae)*

Herkunft Europa, Nordamerika

Wuchs Kompakt, durchschnittlich 40 cm hoch, Höhe je nach Sorte zwischen 20–50 cm variierend; durch kriechende Wurzeln flächig ausbreitend; zierliche, lanzettliche, unbehaarte, direkt am Stängel sitzende Blätter.

Blütezeit/Blüte September – Oktober. Reichlich blühend, je nach Sorte große Farbauswahl von Weiß, Rot bis Blau; verschieden farbige Zungen- und Röhrenblüten.

Kissenaster

Pflanzen/Vermehren Am günstigsten im Frühjahr; Vermehrung ebenfalls im Frühjahr durch Teilen oder Schneiden von Stecklingen.

Standort Vorzugsweise sonnig in nährstoffreicher, humoser Gartenerde.

Pflege Anspruchslos, nur bei anhaltender Trockenheit gießen; Verblühtes entfernen, nach der Blüte ebenerdiger Rückschnitt, sonst kaum Pflege erforderlich.

Verwendung Die flächendeckende Staude ist hervorragend für Böschungen, Rabatten, Einfassungen oder Steingärten geeignet. Auf Beeten mit hoch- und mittelhoch wachsenden Stauden sorgt sie für einen lebendigen Blütenteppich und lockt viele Insekten an. Die Kombination verschiedener Sorten ergeben tolle Farbmischungen. Sie passt aber ebenso gut zu Sonnenhüten *(Rudbeckia)* oder Chrysanthemen *(Dendranthema)*.

TIPP

Viele Sorten sind empfehlenswert, u. a. die Sorte 'Kassel' *mit verzweigtem, lockerem tief violettem Blütenstand, der* 'Herbstgruß v. Bresserhof' *mit violettrosafarbenen Blüten, die* 'Blaue Lagune' *mit hellblauen Blüten oder die Sorte* 'Schneekissen' *mit reinweißen Blüten.*

Aster novi-belgii

Familie Korbblütengewächse *(Asteraceae)*

Herkunft Ostküste Nordamerikas

Wuchs Aufrechte Staude, locker horstartig, je Sorte 60–140 cm hoch; lanzettliche, ganzrandige, nur wenig behaarte Blätter.

Blütezeit/Blüte August – November. Große, oft halb gefüllte Blütenkörbchen (20–40 mm), Zungenblüten je nach Sorte in verschiedenen Rot-, Blau- bis Violetttönen, selten Weiß; in der Mitte gelbe bis purpurfarbene Röhrenblüten; die Blüten bleiben rund um die Uhr geöffnet.

Pflanzen/Vermehren Pflanzung am günstigsten im Frühjahr; Vermehrung durch Teilung oder Grünstecklinge im Frühjahr.

Standort Sonnig und windgeschützt in durchlässigen, nährstoffreichen Böden.

Pflege Etwas empfindlich; bei Trockenheit wässern; im Frühjahr mit organischem Dünger versorgen; auf Mehltau achten und hohe Sorten durch Aufbinden stützen; Rückschnitt nach der Blüte empfehlenswert; Horste alle 2–3 Jahre durch Teilen verjüngen.

Verwendung Die wohl wichtigste Vertreterin der Herbstastern ist eine hervorragende Rabattenstaude und darf in keinem Bauerngarten oder auch naturnah gestaltetem Garten fehlen. Interessante Kombinationen ergeben sich mit Gräsern wie etwa dem Blauschwingel *(Festuca cinerea)* oder gelb blühenden Stauden wie Sonnenhut *(Rudbeckia)*, Goldrute *(Solidago)* oder Sonnenbraut *(Helenium)*. Hübsche Arrangements lassen sich mit verschiedenfarbig blühenden Glattblattastern in größeren Gruppen erzielen.

Glattblattaster, Neubelgische Aster

TIPP

Hohe Sorten erweisen sich als dankbare Schnittblumen für die Vase. Selbst im Topf oder im Kübel schenkt dieser Herbstblüher bis zum ersten Frost seine farbenfrohe Pracht.

Astilbe x ardensii-Hybriden

Familie Steinbrechgewächse *(Saxifragaceae)*

Herkunft China, Asien, Japan

Wuchs Horstartig, bronze-bräunlicher Austrieb, je nach Sorte mit 60 bis 100 cm hohen Stängeln; gefiederte, zierende Blätter, Pflanze insgesamt buschig.

Blütezeit/Blüte Juni – September. Je nach Sorte prachtvolle Blütenrispen in allen Farbtönen von Weiß, Rosarot, leuchtend Rot oder auch Rotviolett bzw. Karminrosa.

...Prachtspiere

Standort Schattig; nährstoffreiche, humose, frische Böden; liebt hohe Luftfeuchtigkeit.

Pflanzen/Vermehren Bevorzugt im Frühjahr oder im Herbst; Vermehrung durch Teilung der Wurzelballen im Frühjahr, auch Aussaat oder Vermehrung durch Ausläufer möglich.

Pflege Verwelktes und Verblühtes entfernen; kompletter Rückschnitt im Herbst, mit Kompost versorgen, in kühleren Regionen mit einer Laubschicht abdecken.

Verwendung Durch die Sortenvielfalt ergeben sich verschiedene Verwendungsmöglichkeiten. Ob als hohe Solitärpflanze oder zusammen mit anderen mittelhohen bis hohen Stauden wie Storchschnabel *(Geranium)*, Funkien *(Hosta)* oder Lilien *(Lilium)* belebt die Prachtspiere dunkle Gartenplätze oder Hauswände. Sie passt vor Bäumen oder Sträuchern, gedeiht jedoch nicht in verwurzelter Erde.

TIPP

Die Prachtspieren sind nicht nur in vielen Sorten erhältlich, sondern auch als Schnittblumen sehr geeignet. Empfehlenswert sind u. a. die Sorten 'Glut' *mit feuerroten Blüten, 80 cm hoch;* 'Cattleya' *mit rosafarbenen, lockeren Blütenrispen, 100 cm;* 'Feuer' *mit karminroten Blüten, 80 cm hoch, oder die 100 cm hohe Sorte* 'Brautschleier' *mit weißen Blüten.*

Astrantia major

Familie Doldenblütengewächse *(Apiaceae)*

Herkunft Mittel- und Osteuropa

Wuchs Horstartig, buschig, 50–80 cm hoch, verzweigte Stängel mit handförmig gelappten, tief eingeschnittenen, glänzend grünen Blättern.

Blütezeit/Blüte Juni – August. Gestielte, 1–2 cm große, weißgrüne bis weißliche, winzige Blüten; in Dolden dicht zusammen stehend, je Dolde umgeben von weißgrünen bis weißen Hüllblättern, Dolden erscheinen zu mehreren an einem Stängel.

Standort Sonnig bis schattig, in feuchter, nährstoffreicher, humoser Erde.

Pflanzen/Vermehren Im Frühjahr pflanzen; Vermehrung durch Teilung im Spätherbst; sät sich auch selbst aus.

Pflege Kaum Pflege notwendig; ebenerdiger Rückschnitt im Spätherbst.

Verwendung Auf feuchten Böden sind vielfältige Gestaltungsmöglichkeiten möglich. Der ausgeprägte Wildpflanzencharakter der Staude passt sehr gut zu Gehölzen. Man pflanzt sie zwischen den Bäumen oder in Kombination mit verschiedenen Sträuchern. Mit anderen hoch wachsenden Stauden wie Astilben *(Astilbe)*, Eisenhut *(Aconitum)*, Salomonssiegel *(Polygonatum multiflorum)* kombiniert man sie auf großflächigen Beeten oder in Sorten flächendeckend auf Rabatten. Die Sterndolde erzielt auch eine gute Wirkung an Teich- oder Wiesenrändern.

...*Sterndolde*

TIPP *Die lang haltende, langstielige Schnittblume setzt interessante Kontraste zu leuchtenden Blütenfarben. Empfehlenswert sind auch die Sorten* 'Rosea' *mit rosafarbenen und* 'Rosensymphonie' *mit rosaroten Hüllblättern.*

Aubrieta

Familie Kreuzblütengewächse *(Cruciferae)*

Herkunft Gebirge Osteuropas und Vorderasiens

Wuchs Immergrüne, langlebige Polster, etwa 5–15 cm hoch; zarte, winzige, graugrüne, spatelförmige, immergrüne Blätter mit gesägtem Blattrand.

Blütezeit/Blüte April – Mai. Vielzählige blaue, violette, rote oder rosafarbene in den Blattachseln sitzende Einzelblüten, die fast alle Blätter verdecken.

Blaukissen

Standort Sonniger, warmer Platz in kalkhaltiger, durchlässiger, nährstoffreicher Gartenerde.

Pflanzen/Vermehren Pflanzung im Frühjahr mit etwa 25 cm Abstand; Vermehrung durch Teilung am Ende der Blütezeit oder durch Stecklinge mit mindestens zwei Laubblätterpaaren je Trieb im Frühjahr.

Pflege Anspruchslos, bei lang anhaltender Trockenheit wässern; starker Rückschnitt nach der Blüte, sonst Gefahr der Verkahlung; etwa alle 4–5 Jahre umpflanzen.

Verwendung Das beliebte Blaukissen ist eine typische Pflanze für Steingärten und Trockenmauern. Man pflanzt es in die Fugen oder auf die Mauerkronen, von denen es in dichten Polstern herunter wallt. Im Garten wirken Blaukissen sehr gut in Verbindung mit Stufen oder größeren Steinen, die sie locker umwachsen können. Mit anderen Polsterstauden wie dem Steinkraut *(Alyssum)* oder dem Polsterphlox *(Phlox subulata)* entstehen dekorative, bunt blühende Blütenteppiche, die Beete einfassen oder Wegränder verschönern.

INFO

Blaue und violette Sorten gelten als langlebiger und widerstandsfähiger als solche in Rot- oder Rosatönen. Der überwiegende Teil der im Handel erhältlichen Pflanzen sind übrigens Hybriden der kompakten Art Aubrieta deltoidea.

Bergenia-Hybriden

Familie Steinbrechgewächse *(Saxifragaceae)*

Herkunft Altai-Gebirge

Wuchs Wintergrüne, Horste bildende Staude, mit dem Blütenstängel 30–60 cm hoch, aus dem Wurzelstock langsam kriechend ausbreitend; mit grundständigen, großen, ledrigen, braungrünen, kurz gestielten Blättern, Blattrand wellig gesägt; im Winter etwas einziehend.

Blütezeit/Blüte April – Mai. Je nach Sorte rosafarbene bis rote oder weiße Blüten, in endständigen Blütendolden; braunrote, dicke Blütenstängel.

Standort Sonnig bis schattig, in nahezu jeder Gartenerde; verträgt keine Staunässe, zu feuchte Böden oder zu intensive Sonneneinstrahlung.

Pflanzen/Vermehren Pflanzung bevorzugt im Frühjahr; Vermehrung durch Teilung ebenfalls im Frühjahr.

Pflege Anspruchslos; Verwelktes und Verblühtes entfernen; gelegentlich Kompost geben; kann jahrelang am gleichen Standort bleiben.

Verwendung Die extrem langlebige Blütenstaude fühlt sich vor oder unter Sträuchern und kleinwüchsigen Bäumen gut aufgehoben. Sie wirkt gut als Rabattenbepflanzung, zur Begrünung von Innenhöfen oder leblosen Ecken und ist auch für Teich- oder Wiesenränder sehr geeignet. Da sie äußerst anspruchslos ist, begrünt sie selbst die schwierigsten Standorte. Hübsche Kombinationen ergeben sich mit Farnen oder hohen Ziergräsern. Kleinere Sorten schmücken außerdem Pflanzgefäße wie Tröge und Kübel.

....*Bergenie, Riesensteinbrech*

TIPP

Empfehlenswert sind u. a. die Sorten 'Silberlicht' *mit fast weißen Blüten und* 'Abendglut' *mit karminroten Blüten. Die zierenden Blätter sind zudem als floristischer Beischmuck beliebt.*

Bistorta affinis

Familie Knöterichgewächse *(Polygonaceae)*

Herkunft Asien, Europa

Wuchs Kriechend, wuchsfreudiges bis üppiges Wachstum, Horste bildend, auf feuchten Böden wuchernd, 20–30 cm hoch; schmale, elliptische, dicht sitzende, ganzrandige, frischgrüne Rosettenblätter, im Herbst rötlich gefärbt.

Blütezeit/Blüte Juli – November. Winzige, zunächst weiße, später kräftig rosafarbene Blüten, in dichten, langstieligen Ähren, am kahlen Stängel deutlich über die Blätter hinausragend.

Standort Sonne bis Halbschatten in feuchter bis nasser, nährstoffreicher, humoser Erde.

Pflanzen/Vermehren Aussaat oder Pflanzung im Frühjahr; Vermehrung durch Teilung oder mit nach der Blüte geschnittenen Kopfstecklingen.

Pflege Anspruchslos, bei Trockenheit jedoch unbedingt wässern; eventuell Begrenzung durch aushacken oder Rhizomsperren anlegen.

Verwendung Dieser rasch wachsende Bodendecker eignet sich zur Begrünung von Böschungen und Flächen, zwischen oder vor Gehölzen, insbesondere im Steingarten. An Teichrändern, feuchten Wiesen oder abgelegenen Plätzen in Naturgärten ist die zierliche Blütenstaude ebenfalls gut aufgehoben. In den Blatt- und Blütenteppich gepflanzte, ebenso konkurrenzstarke Pflanzen wie Herbstanemonen, Bergenien, Funkien oder Gräser wirken besonders schön.

....*Wiesenknöterich, Scheckenknöterich*

TIPP

Der Wiesenknöterich kann auch als Rasenersatz verwendet werden, der dann zudem eine schöne Bienenweide ergibt. Die Sorte **'Superbum'** *blüht leuchtend rosa und wuchert nicht.*

Brunnera macrophylla

Familie Borretschgewächse *(Boraginaceae)*

Herkunft Kaukasus

Wuchs Horstartig, dicht-buschig, flächig ausbreitend, etwa 50 cm hoch wachsende Staude mit herzförmigen, lang gestielten, sehr rauhaarigen, grünen bis dunkelgrünen Blättern.

Kaukasus-vergissmeinnicht

Blütezeit/Blüte April – Juni. Verzweigter, lockerer Blütenstand mit vielen, relativ kleinen, blauen Einzelblüten mit gelbem Blütenschlund.

Standort Sonne bis Halbschatten, auch lichter Schatten; relativ nährstoffreiche, durchlässige Böden.

Pflanzen/Vermehrung Im Frühjahr pflanzen oder aussäen, auch Herbstpflanzung; gute Vermehrung durch Selbstaussaat oder Direktsaat an Ort und Stelle.

Pflege Sehr anspruchslos, nur bei anhaltend starker Trockenheit gießen; eventuell durch Aushacken begrenzen.

Verwendung Die Waldblütenstaude passt gut vor oder zwischen Gehölzen. Man findet sie in Naturgärten, in Innenhöfen, auf Staudenbeeten oder auf Rabatten. In Kombination mit rot blühenden Stauden oder Zwiebelpflanzen kommen ihre kleinen blauen Blütchen am besten zur Geltung. Als Nachbarpflanzen eignen sich Primeln *(Primula),* Nelken *(Dianthus),* Tränendes Herz *(Dicentra spectabilis),* Elfenblumen *(Epimedium rubrum)* oder Farne. Gute Schnittblume.

TIPP

Das Kaukasusvergissmeinnicht ist auch gut am Fuß eines Steingartens aufgehoben. Es bleibt durch Selbstaussaat lange am gleichen Standort.

Calamagrostis x acutiflora

Familie Süßgräser *(Gramineae)*

Herkunft Asien, Mitteleuropa

Wuchs Horstähnlich, 100–150 cm hoch; früh austreibende, zunächst aufrecht wachsende, halmähnliche Blätter, die sich im oberen Drittel nach unten biegen.

Blütezeit/Blüte Juli – August. Große, braungelbe Blütenrispen, aufrecht dicht zusammen wachsend, zur Blütezeit breit locker gefächert; Rispen überdauern Monate, auch im Winter.

Standort Sonnig bis halbschattig auf trockenen bis frischen Böden; normale Gartenerde.

Pflanzen/Vermehren Im Frühjahr pflanzen; Vermehrung durch Teilen der Wurzelstöcke bevorzugt im Frühsommer.

Pflege Anspruchslos; handbreithoher Rückschnitt erst nach dem Frost zwischen Februar und März.

Verwendung In Kombination mit hohen Blütenstauden wie Phlox *(Phlox)* und Rittersporn *(Delphinium)* pflanzt man das Diamant- oder Reitgras auf größere Beete. Die Nachblüte der Stauden kommt zusammen mit der rötlich-gelben Herbstfärbung des Grases besonders schön zur Geltung. Als Hintergrundbepflanzung harmoniert das Gras mit mittelhohen bis kleineren Blütenstauden. Es passt in den Naturgarten, eignet sich zur Terrassenbegrenzung oder zur Bepflanzung von Böschungen und Rabatten.

Diamantgras, Gartensandrohr

TIPP

Die Sorte ***'Karl Foerster'*** *mit gelben Blütenrispen und die Sorte* ***'Overdam'*** *mit weißbunten Blättern sind besonders zierend.*

Campanula glomerata

Familie Glockenblumengewächse *(Campanulaceae)*

Herkunft Europa, Kaukasus, Persien

Wuchs Aufrecht wachsende, dicht buschig werdende Staude, 50 bis 60 cm hoch, Wurzelausläufer bildend; ei- bis leicht herzförmige Grundblätter, schmale Stängelblätter an rötlich überlaufenem Stängel, alle Blätter rau behaart.

Blütezeit/Blüte Juni – Juli, sortenabhängig. Dunkelviolette, glockenähnliche Einzelblüten, in lockeren, endständigen „knäueligen" Blütentrauben; bis 20 Einzelblüten je Blütenstand.

Pflanzen/Vermehren Aussaat oder Pflanzung bevorzugt im Frühjahr; Vermehrung durch Teilung nach der Blüte oder Stecklinge schneiden.

Standort Halbschatten bis lichter Schatten in kalkhaltiger, nährstoffreicher, durchlässiger Gartenerde.

Pflege Anspruchslos; wuchert auf optimalem Standort, daher durch Aushacken begrenzen.

Verwendung Die Knäuelglockenblume ist prädestiniert für den lichten Schatten verschiedener Gehölze, den Gehölzrand oder vor bzw. unter Sträuchergruppen. Bewährte Kombinationen ergeben sich mit anderen niedrigen bis mittelhohen Stauden auf Beeten und Rabatten. Eine hübsche Wirkung erzielt man mit ihr in Gesellschaft von nicht zu hoch wachsenden Rosen *(Rosa)*, Fingerhut *(Digitalis)*, Nachtkerzen *(Oneothera tetragona)* oder Storchschnabel *(Geranium)*. Auch zur Innenhofbegrünung ist sie sehr gut geeignet.

TIPP

Die Knäuelglockenblume wächst in Deutschland auch als Wildpflanze. Empfehlenswerte Sorten wären die weiß blühende 'Schneekrone' *oder die Sorten* 'Superba' *und* 'Joan Elliott' *mit tiefviolettblauen Blüten.*

Campanula portenschlagiana

Familie Glockenblumengewächse *(Campanulaceae)*

Herkunft Dalmatien

Wuchs Etwa 10–15 cm hohes kompaktes, dichtes Polster, Ausläufer bildend; kleine, herzförmige, dünn gestielte, kräftig grüne Blätter; die Pflanze enthält Milchsaft.

Blütezeit/Blüte Mai – Juli, Nachblüte im Herbst. Zahlreiche, je nach Sorte blaue, violette, weiße oder rosafarbene, aufrecht stehende sternförmige bis glockige Blüten.

Standort Halbschatten bis Schatten in kalkhaltigen, sandig bis lehmigen, frischen Böden.

Pflanzen/Vermehren Aussaat und Pflanzung im Frühjahr; Vermehrung durch Teilung älterer Pflanzen im Frühjahr oder auch nach der zweiten Blüte im Herbst.

Pflege Anspruchslos; lediglich bei längeren Trockenperioden ausreichend gießen; nicht düngen, sonst leidet der kompakte Wuchs der Polster; Verwelktes regelmäßig entfernen, um eine Nachblüte zu fördern.

Verwendung Die zierlich wirkende, jedoch robuste und wüchsige Zwerg- oder Dalmatinerglockenblume fühlt sich in Steingärten am wohlsten und wirkt sehr gut auf schattigen Mauern, Stufen, Platten und selbst in Stein- oder Mauerfugen. Großflächig auf kleineren Böschungen oder Terrassenhängen, allein oder in Kombination mit anderen polsterförmigen Blütenstauden ist sie eine üppig blühende Augenweide.

...Zwergglockenblume

TIPP *Eine Besonderheit stellt die Sorte* **'Birch'** *mit ihren hellen purpurblauen Blüten dar.*

Carex morrowii 'Variegata'

Familie Riedgrasgewächse *(Cyperaceae)*

Herkunft Japan

Wuchs Weiche Horste, Sorte 'Variegata' bis 40 cm hoch, immergrün; schmale, fein zugespitzte, frisch- bis dunkelgrüne, weiß gestreifte, überhängende Blätter.

...Immergrüne Japansegge

Blütezeit/Blüte März – April. Hellgelbe, später braune, zunächst steif aufrechte, dann leicht gebogene, unscheinbare Ähren auf kurzen Halmen.

Standort Halbschattig bis schattig; bevorzugt kalkarme, humose, feuchte Böden.

Pflanzen/Vermehren Pflanzung im Frühjahr; Vermehrung durch Teilung der Horste älterer Pflanzen nach der Blüte, auch Aussaat möglich.

Pflege Anspruchslos, nur in rauen Lagen Winterschutz erforderlich.

Verwendung Die immergrüne Japansegge kommt optimal in Verbindung mit Gehölzen zur Geltung. Außerdem passt sie gut als Nachbarpflanze auf schattige Rabatten oder Staudenbeete, eignet sich zur Innenhofbegrünung oder zur Bepflanzung von Vorgärten, Naturgärten und sehr gut in die Nähe eines Teichs. Durch ihre Standorttreue kann sie auch auf kleinere Beete gepflanzt werden. Ihr Blattschmuck harmoniert mit mittelhoch wachsenden Blütenstauden, wie etwa Anemonen oder Farnen und anderen Gräsern.

TIPP

Die Sorten 'Evergold' *und* 'Ingwersen' *besitzen schmalere Blätter mit gelblichem Mittelstreifen. Mit einem deutlich gelben Mittelstreifen ist die Sorte* 'Variegata Aurea' *versehen. Sie erreicht eine Höhe von 25 cm.*

Centranthus ruber

Familie Baldriangewächse *(Valerianaceae)*

Herkunft Gebirgsregionen in Südeuropa

Wuchs Horstartig, Wurzelstock; 60–80 cm aufrecht wachsende Stängel, mit der Zeit unten verholzend und strauchartig; breit lanzettliche bis breit eiförmige, ganzrandige, blaugrüne Blätter.

Blüte/Blütezeit Juni – August. Viele kleine, dunkelrosarote oder weiße, mit einem Sporn besetzte, duftende Einzelblütchen; zusammen in lockeren, aufrechten Trugdolden.

Standort Sonnig; kalkhaltige, durchlässige, steinige, trockene bis nicht zu feuchte Böden.

Pflanzen/Vermehren Pflanzung und Aussaat im Frühjahr; Vermehrung durch Teilen oder Stecklinge schneiden; sät sich leicht selbst aus; Begrenzung durch aushacken.

Pflege Anspruchslos; Rückschnitt nach der Blüte begünstigt eine Nachblüte; starker Rückschnitt im Herbst.

Verwendung Die hübsche Wildstaude passt sehr gut auf Böschungen und Terrassen, auf Rabatten und Staudenbeete. Gute Nachbarpflanzen sind Stauden mit Wildpflanzencharakter oder auch Aster *(Aster)*, Kugeldistel *(Echinops ritro)*, Mädchenauge *(Coreopsis)* bzw. Gräser wie beispielsweise das Perlgras *(Melica ciliata)*. Ihrer Herkunft entsprechend wächst sie besonders gut in steiniger Erde, wodurch sie sich ausnehmend gut für Steingärten und Trockenmauern und die Bepflanzung von Trögen und Kübeln eignet.

TIPP

*Durch ihre Selbstaussaat können leicht größere Beete mit ihr bedeckt werden. Der Handel hält auch eine weißblütige Sorte, '**Albus**', und eine himbeerrot blühende, '**Coccineus**' bereit. Beide werden etwa 50 cm hoch.*

Cerastium tomentosum

Familie Nelkengewächse (*Caryophyllaceae*)

Herkunft Südeuropa

Wuchs Rasch wachsende Polster und Matten, großflächig ausbreitend, 10–20 cm hoch; schmale, lanzettliche, weißfilzige, dicht sitzende, winzige Blätter.

...Hornkraut, Filziges Hornkraut

Blütezeit/Blüte Mai – Juni. Weiße sternförmige Blüten, Blütenränder an der Spitze eingekerbt, in lockeren Trugdolden, die deutlich über den Blättern stehen.

Standort Vollsonnig und warm, am besten in kalkhaltigen, trockenen bis frischen, sandigen bis lehmigen, durchlässigen Böden.

Pflanzen/Vermehren Pflanzung im Frühjahr oder Herbst, Vermehrung durch Teilen oder Kopfstecklinge von Frühjahr bis Herbst möglich.

Pflege Anspruchslos; kräftiger Rückschnitt etwa alle 2 Jahre, um ein Verkahlen der Pflanzen zu verhindern; Begrenzung durch aushacken.

Verwendung Durch ihre Herkunft bedingt, ist das Hornkraut eine typische Pflanze für Steingärten und Trockenmauern, das auch außerhalb der Blütezeit durch seinen Blattschmuck den Garten ziert. In Verbindung mit Stufen und Plattenbelägen bildet es eine hübsche Umrahmung und ist zudem ein guter Fugenfüller. In Naturgärten oder sonnigen Innenhöfen kann es steinige Flächen beleben. Als Nachbarpflanzen eignen sich andere Steingartenpflanzen wie niedrig wachsende Glockenblumen *(Campanula)*, Phlox *(Phlox subulata)* oder blau blühender Lein *(Linum perenne)* am besten. Je nach Pflanzort sind jedoch ebenfalls Kombinationen mit bunt blühenden Zwiebelblumen wie Tulpen und Hyazinthen denkbar.

TIPP *Die Varietät* columnae *dieser Art ist durch ihre kompakte Wuchsform besonders zu empfehlen.*

Cimicifuga ramosa

Familie Hahnenfußgewächse *(Ranunculaceae)*

Herkunft Nordamerika

Wuchs Locker buschig, aufrecht, mit den Blütenstängeln über 200 cm hoch; stark bewurzeltes Rhizom; kurzgestielte, dreiteilig gefiederte, längliche, dunkelgrüne Blätter mit gesägtem Blattrand.

Blüte/Blütezeit Juli – September. Cremeweiße- bis hellrosafarbene, ca. 40 cm lange, aufrechte bis etwas geneigte Blütenkerzen, vielzählige, winzige Einzelblüten.

Standort Halbschattig bis schattig in frischer bis feuchter, nicht zu flachgründiger, humoser Gartenerde.

Pflanzen/Vermehren Pflanzung bevorzugt im Frühjahr; Vermehrung durch Teilung nach der Blüte, auch Aussaat möglich, allerdings schwierig (Kaltkeimer).

Pflege Anspruchslos, möglichst nicht umpflanzen; Fruchtstände über den Winter stehen lassen, Rückschnitt dann erst im Frühjahr.

Verwendung Mit ihrem waldstaudenähnlichen Charakter pflanzt man die Silberkerze in Gruppen oder auch als Solitär vor bzw. zwischen Gehölzen. In gemischten Pflanzungen mit hoch wachsenden Stauden wie Astilbe *(Astilbe ardensii)*, Eisenhut *(Aconitum)*, hohen Glockenblumen *(Campanula)* sowie Farnen kommt dieser Dauerblüher bestens zur Geltung. Besonders attraktiv wirken die hellen Blüten der Silberkerze vor dunkelgrünen Gehölzen oder auch dunklen Mauern.

...September-Silberkerze

TIPP

Durch das Pflanzen verschiedener Silberkerzenarten **(Cimicifuga sp.)** *verlängert sich die Blütezeit. Auffällig ist besonders die Sorte* **'Atropurpurea'**. *Von August bis September bilden die weißen Blütenkerzen einen wunderschönen Kontrast zu ihren braunroten Blättern.*

Coreopsis grandiflora

Familie Korbblütengewächse *(Asteraceae)*

Herkunft Nordamerika

Wuchs Lockere, buschige Horste aus langen, leicht hängenden Blütenstängeln, 30–80 cm hoch, die über die drei- bis fünfteilig gefiederten, gegenständigen, frischgrünen Blätter herausragen.

Blüte/Blütezeit Juni – September. Etwa 9 cm große, leuchtend goldgelbe strahlenförmige Einzelblüten, je Sorte in der Mitte rötlich.

Standort Vollsonnig in normaler Gartenerde; verträgt keine zu tonigen Böden.

Pflanzen/Vermehren Im Frühjahr aussäen oder pflanzen; Vermehrung nach der Blüte durch Teilung oder durch Frühjahrsstecklinge.

...Mädchenauge, Schönauge

Pflege Anspruchslos und robust, nur bei längerer Trockenheit gießen; Fruchtstände regelmäßig entfernen, eventuell stützen; nach der Blüte ebenerdiger Rückschnitt.

Verwendung Das blühfreudige Mädchenauge ist ein attraktiver Blickfang für Rabatten, Beete, Böschungen und den sonnigen Gehölzrand. Geeignete Begleitpflanzen sind hoch wachsende Stauden wie der blaue Rittersporn *(Delphinium)* oder auch die kleinere rote Indianernessel *(Monarda)*, ebenso harmonieren Salbei *(Salvia)*, Lavendel *(Lavandula)* oder Katzenminze *(Nepeta × faassenii)*. Schöne Kombinationen ergeben sich zudem mit vielen blühenden Bodendeckern oder einjährig wachsenden, farbenprächtigen Sommerblumen.

TIPP

Die 30 cm hohen Sorten 'Goldfink' *und* 'Rotkehlchen' *eigen sich gut zur Rabattenbepflanzung, als blühende Beeteinfassung oder für Tröge. Als Schnittblume hält das Mädchenauge über 14 Tage. Man schneidet die Blütenstängel vor dem Erblühen, die Knospen öffnen sich erst in der Vase.*

Cortaderia selloana

Familie Süßgräser *(Gramineae)*

Herkunft Argentinien, Südbrasilien

Wuchs Horstartig; buschige Ausdehnung, etwa 150 cm hoch, zur Blütezeit bis 300 cm hohe, stabartige Blütenstängel; schmale, bis etwa 100 cm lange, graugrüne, aufrechte bis locker überhängende, scharfkantige, wintergrüne Blätter.

Pampasgras

Blütezeit/Blüte September – Oktober. Zweihäusige, dichte, hohe, seidig glänzende, silberweiße, auch zartrosa, federbuschartig wirkende Rispen, die aus unzähligen kleinen Ähren bestehen; erscheinen aus der Mitte des Horstes.

Standort Sonne – Halbschatten; in geschützten Lagen auf nährstoffreichen, durchlässigen Böden; verträgt keine Staunässe.

Pflanzen/Vermehren Pflanzung im Frühjahr; Vermehrung im Frühjahr durch Teilung.

Pflege Verwelkte Blätter und abgeblühte Stängel abschneiden; bei Trockenheit im Sommer gießen; im Frühjahr und Herbst Nährstoffentzug durch Kompostgaben ausgleichen; oft Winterschutz durch Hochbinden der Blätter erforderlich, Fuß mit Laub versehen; ältere Horste teilen, bevor sie von innen heraus verkahlen.

Verwendung Das stattliche Riesengras wirkt in Einzelstellung speziell vor dunklem Hintergrund am allerbesten. Auf Rasenflächen oder in loser Verbindung mit Teichen ist es mit seinen prächtigen silbrig-seidigen Blütenwedeln eine opulente, zierende Erscheinung für alle Gärten.

TIPP

Für eine optimale Entfaltung des Pampasgrases sollte man ausreichend Platz zur Verfügung stellen, da es sich mit den Jahren sehr ausbreitet. Für kleinere Gärten sollte man daher auf die Zwergsorte 'Pumila' *ausweichen, die zur Blütezeit etwa 150 cm erreicht.*

Corydalis (Pseudofumaria) lutea

Familie Mohngewächse *(Papaveraceae)*

Herkunft Südfrankreich, Italien

Wuchs Fleischige Wurzeln, dichtbuschig verzweigt, halbkugelig, wuchernd; 20–30 cm hoch wachsende, wasserhaltige Stängel; gefiederte, lauchgrüne Blätter; wintergrün.

Blütezeit/Blüte Mai – Oktober. Hellgelbe, an der Spitze rahmgelbe, nickende, röhrenförmige, lang gespornte Blüten; in Trauben auf langen, dünnen Stängeln über den Blättern stehend.

Standort Halbschattige bis absonnige Plätze in nahezu jeder Erde; bevorzugt frische, humose Böden.

Pflanzen/Vermehren Aussaat und pflanzen im Frühjahr; Vermehrung durch Selbstaussaat.

Pflege Anspruchslos; Begrenzung durch Aushacken.

Verwendung Der Dauerblüher eignet sich hervorragend zum Begrünen größerer Flächen. Am Gehölz- oder Teichrand bildet er eine schöne Umrahmung, und auch ungünstigere Plätze im Garten können mit ihm belebt werden. Auf oder an Mauern und Steinen wirkt er sehr schön und verwildert sogar noch in den Fugen. Gute Nachbarpflanzen sind blühende Stauden wie Storchschnabel *(Geranium)*, Tränendes Herz *(Digitalis spectabilis)*, Glockenblumen *(Campanula)*, Akelei *(Aquilegia vulgaris)* oder Frauenmantel *(Alchemilla mollis)*. In Kombination mit Farnen schafft er eine waldähnliche Atmosphäre.

Gelber Lerchensporn

INFO

Bei guter Wasserversorgung kann der Lerchensporn selbst sonnigere Standorte gut vertragen. Trotz der relativen Kurzlebigkeit einer einzelnen Pflanze bleibt er durch seine Selbstaussaat lange standorttreu.

Delphinium-Hybriden

Familie Hahnenfußgewächse *(Ranunculaceae)*

Herkunft Ursprünglich Europa und Asien, Kreuzungen aus mehreren Arten

Wuchs Aufrecht, je nach Sorte 70–170 cm hoch, etwas buschig, dreizählige bis handförmige, geteilte oder gelappte Blätter.

Rittersporn

Blütezeit/Blüte Juni – Juli, Nachblüte im September. Große, üppige Blütenkerzen mit vielen Einzelblüten; Farbe je Sorte Weiß, Blau, Violett oder Rosa.

Standort Sonne bis Halbschatten in normaler bis nährstoffreicher, humoser Gartenerde.

Pflanzen/Vermehren Aussaat im Frühjahr (Dunkelkeimer), Pflanzung im Frühjahr oder Herbst; Vermehrung durch Teilung der Wurzelstöcke nach der Blüte im Herbst.

Pflege Auf genügend Feuchtigkeit achten; Verwelktes und Verblühtes entfernen; Förderung einer Nachblüte durch ebenerdigen Rückschnitt nach der Blüte; eventuell stützen; Kompostgabe im Herbst.

Verwendung Der prächtige Rittersporn ist als Leitpflanze der Blickfang schlechthin in jedem Staudenbeet. Sehr hoch wachsende Sorten, wie die leuchtend azurblaue mit weißem Auge blühende 'Abgesang' (170 cm), eignen sich als Solitär oder opulente Gruppenpflanzung. Wunderschöne Kombinationen gelingen mit Rosen, rotblättrigen niedrig wachsenden Gehölzen oder Margeriten *(Leucanthemum)*, Fackellilie *(Kniphofia)*, Sonnenhut *(Echinaceae)*, Türkenmohn *(Papaver orientale)* oder Pfingstrosen *(Paeonia)*. Daneben schätzt man ihn als haltbare Schnittblume.

TIPP

Empfehlenswerte Sorten sind die dunkellila blühende 'Kleine Nachtmusik' *(80 cm),* 'Moerheimii' *(120 cm) mit weißen Blüten, die ultramarinblau blühende* 'Piccolo' *(100 cm) oder die fliederfarbene Sorte* 'Abendleuchten' *(150 cm hoch).*

Dendranthema-Grandiflorum-Hybriden

Familie Korbblütengewächse *(Asteraceae)*

Herkunft China

Wuchs Horstartig, sortenabhängige 40–80 cm hohe Stängel, zunächst aufrecht wachsend, dann buschig werdend, kurze Ausläufer bildend; wechselständige, fiederähnliche, mattgrüne Blätter.

Blütezeit/Blüte August – November. Sortenabhängig einfache bis gefüllte Blüten, alle Farben außer Blau und Violett.

Standort Sonnig bis halbschattig, warm in normaler bis kalkhaltiger, nährstoffreicher, nicht zu feuchter Gartenerde; verträgt keine Staunässe.

Pflanzen/Vermehren Im Frühjahr pflanzen und zur Vermehrung teilen oder nach der Blüte Stecklinge schneiden.

Pflege Bei längeren Trockenperioden gießen, Staunnässe vermeiden; Rückschnitt nach der Blüte; Kompostgaben im Herbst und Frühjahr; eventuell Winterschutz.

Verwendung Der fleißige Herbstblüher bereichert Staudenbeete und Rabatten. Unterschiedliche Chrysanthemen-Sorten in Kombination mit Glattblattaster *(Aster novi-belgii)*, Silberkerze *(Cimicifuga)* oder Japananemone *(Anemone japonica)* gepflanzt, ergeben einen farbenprächtigen Anblick. Auch die Verbindung mit immergrünen Gehölzen, wie z. B. Buchsbaum und Koniferen, oder kleinen Blütensträuchern überzeugt. Chrysanthemen sind zudem besonders dankbare Schnittblumen und lassen sich in Sträußen vielseitig kombinieren.

INFO

Die **Chrysanthemum-Dendranthema**-*Hybriden zählen zu den ältesten Zierpflanzen. China blickt auf eine gut 2000-jährige Züchtertradition, und heute kennt man bereits über 5000 Sorten. Weiß blühend ist z. B. das halbgefüllte* **'Edelweiß'** *(80 cm), rot blühend der* **'Fellbacher Wein'** *(60 cm), leuchtend gelb die* **'Goldmarianne'** *(80 cm) oder leuchtend rosa die* **'Hebe'** *(60 cm).*

Dianthus plumarius

Familie Nelkengewächse *(Caryophyllaceae)*

Herkunft Südosteuropa

Wuchs Kräftige, dichte, duftende Polster bildend, 20–30 cm hoch; längliche, zugespitzte, blaugrüne Blätter.

Federnelke

Blütezeit/Blüte Mai – Juli. Fein fedrig geschlitzte, je nach Sorte weiße, rosa oder rote, teilweise auch zweifarbige Blüten, endständig auf dünnen Stängeln sitzend.

Standort Sonnig bis halbschattig in normaler, trockener bis frischer, durchlässiger Gartenerde.

Pflanzen/Vermehrung Aussaat im Frühjahr; Vermehrung durch Teilung im Frühjahr oder im Herbst.

Pflege Anspruchslos; ältere Pflanzen nach der Blüte zurückschneiden, einerseits um dem Verkahlen vorzubeugen, andererseits um die Blüte zu fördern; verträgt keine Staunässe.

Verwendung Der rasenartige, blühende Bodendecker passt hervorragend in Steingärten, auf Mauern oder zur Einfassung von Rabatten, Staudenbeeten, Stufen, Platten bzw. Steinen, wo er sich schnell ausbreiten und seinen würzigen Duft verbreiten kann. Die Federnelke harmoniert generell mit allen anderen Steingartenpflanzen, besonders hübsch anzusehen sind Kombinationen mit Hornveilchen *(Viola cornuta)*, Sonnenröschen *(Helianthemum)* oder Mauerpfeffer *(Sedum acre)*.

INFO

Die heimischen Dianthus*-Arten stehen an ihren Wildstandorten unter Naturschutz. Zur Blütezeit locken sie viele Schmetterlinge an. Die gefüllt blühenden Sorten* 'Alba plena' *und* 'Altrosa' *blühen zartrosa,* 'Diamant' *weiß und* 'Heidi' *dunkelrot.*

Dicentra spectabilis

Familie Erdrauchgewächse *(Fumaraceae)*

Herkunft Nordchina, Japan

Wuchs Buschig wachsend, später ausladend, 60–80 cm, hohle, bräunliche Stängel; blaugrüne, lang gestielte dreiteilige, mittelgrüne Blätter; nach der Blüte einziehend.

Blüte/Blütezeit April – Juni. Lange, überhängende, vielblütige Blütenstände mit herzförmigen, weiß-rosa Einzelblüten.

Standort Halbschattiger bis schattiger Platz in nährstoffreichen, humosen, jedoch nicht verwurzelten Böden.

Pflanzen/Vermehrung Im Frühjahr pflanzen, nicht zu tief; Vermehrung durch Wurzelteilung oder Stecklinge.

Pflege Verwelktes und Verblühtes entfernen; bei Trockenheit gut wässern; Kompostgabe im Herbst; abdecken, da frostempfindlich.

Verwendung Diese anmutige Staude bezaubert als Solitär wie auch in Verbindung mit Prachtspiere *(Astilbe)*, Elfenblume *(Epimedium rubrum)*, Frauenmantel *(Alchemilla mollis)*, Gedenkemein *(Omphalodes verna)* oder auch immergrünen Gehölzen, wie dem Kirschlorbeer *(Prunus laurocerasus)* bzw. Farnen und Gräsern. In Innenhöfen kann es mit dem Kaukasusvergissmeinnicht *(Brunnera macrophylla)* vor Mauern gepflanzt werden, und auf Beeten überzeugen Kombinationen mit Akelei *(Aquilegia)*, Glockenblumen *(Campanula)* sowie bunt blühenden Zwiebelblumen. Die langen Blütenstängel können zudem für die Vase geschnitten werden.

...*Tränendes Herz, Herzblume*

INFO

Die langlebige Blütenstaude bleibt am liebsten ungestört an einem Platz und sollte nicht umgesetzt werden. Achtung: alle Pflanzenteile enthalten giftige Alkaloide.

Digitalis purpurea

Familie Rachenblütlergewächse *(Scrophulariaceae)*

Herkunft Mitteleuropa

Wuchs Horstartige frostharte Staude, bis 150 cm hohe, aufrechte, fein graufilzig behaarte Stängel; langgestielte, ovale, lanzettliche, dunkelgrüne Blätter.

Roter Fingerhut

Blütezeit/Blüte Juni – Juli. Lange, zu nur einer Seite gewandte Blütenstände, mit großen, breit trichterförmigen bzw. fingerhutförmigen, leuchtend dunkel- bis hellrosafarbenen, auch nahezu weißen Einzelblüten, von unten nach oben aufblühend.

Standort Halbschattig in kalkarmer, trockener bis frischer, durchlässiger, nährstoffreicher Gartenerde.

Pflanzen/Vermehren Aussaat im Frühjahr; Vermehrung durch Teilung älterer Pflanzen im Frühjahr und Herbst; gute Selbstaussaat.

Pflege Anspruchslos; starker Rückschnitt nach der Blüte ermöglicht eine Nachblüte.

Verwendung Seinem natürlichen Standort entsprechend pflanzt man den Roten Fingerhut zwischen oder vor Gehölzen. In Gruppen gesetzt, schafft er einen schönen Übergang zwischen Gehölzrändern und Rasenflächen. Blühende Nachbarpflanzen sind u. a. hohe Glockenblumen *(Campanula)*, Prachtstorchschnabel *(Geranium × magnificum)* oder Silberkerzen *(Cimicifuga ramosa)*. Gräser und Farne unterstreichen die leuchtenden Blüten des Fingerhutes.

INFO

Bei guter Wasserversorgung gedeiht der Rote Fingerhut sogar auf sonnigeren Standorten, und gerade dort ist er eine beliebte Futterquelle für Hummeln. Achtung: Die ganze Pflanze enthält Giftstoffe.

Dryopteris filix-mas

Familie Wurmfarngewächse *(Aspidiaceae)*

Herkunft Wälder der nördlichen Erdhalbkugel

Wuchs Kräftig ansteigender Wurzelstock, trichterförmig, buschig aufrecht, bis 100 cm hoch; einfach gefiederte, weiche, breite, pyramidalische Wedel, an dicht mit Schuppen besetztem Stiel; Fiedern fiederteilig.

Standort Halbschattig bis schattig; feuchte, nährstoffreiche, humose Gartenerde; keine Staunässe.

Pflanzen/Vermehren Im Frühjahr oder Herbst pflanzen; Vermehrung durch Teilung älterer Pflanzen oder Sporenaussaat.

Pflege Anspruchslos; abgestorbene Wedel entfernen.

Verwendung Der heimische Farn fühlt sich im Garten auf allen schattigen Plätzen wohl. Man pflanzt ihn seinem natürlichen Standort entsprechend zwischen oder vor Gehölzen. Auf Staudenbeeten bringt er den Blütenschmuck seiner Begleitpflanzen durch seine zierenden Wedel gut zur Geltung. Gute Nachbarn sind Schatten liebende Blütenstauden wie Silberkerze *(Cimicifuga ramosa)* oder Roter Fingerhut *(Digitalis purpurea)*. In Innenhöfen belebt er dunkle Ecken.

....*Gemeiner Wurmfarn, Dornfarn*

TIPP

Ist der Boden feucht genug, kann der Gemeine Wurmfarn einen etwas helleren Standort vertragen. Im Handel erhältliche und bewährte Sorten sind u. a. 'Barnesii' *mit schmalen, doppelt gefiederten, sattgrünen Wedeln;* 'Linearis-Polydactylon' *mit kammförmigen, gekrausten, überhängenden Wedeln, die an den Enden verwachsen sind; die wintergrüne* 'Montrosa' *mit hohen, aufrechten, trichterförmigen, schmalen dunkelgrünen Wedeln. Die letzten beiden Sorten erreichen etwa 60 cm Höhe.*

Echinacea purpurea

Familie Korbblütengewächse *(Asteraceae)*

Herkunft Nordamerika

Wuchs Straff aufrecht, 70–90 cm hohe, verzweigte Stängel; lanzettliche, beidseitig raue, behaarte, lederartige, dunkelgrüne Blätter mit scharf gesägtem Rand.

Roter Sonnenhut, Purpursonnenhut

Blütezeit/Blüte Juni – September. Große Körbchenblüten mit purpurfarbenen bis rostroten Zungenblüten um einen hohen Kegel braunroter Röhrenblüten; Blütenfarbe sortenabhängig.

Standort Sonnige bis halbschattige Plätze in normaler bis frischer, durchlässiger, humoser Gartenerde; verträgt auch kalkhaltige, jedoch nicht zu schwere Böden.

Pflanzen/Vermehren Aussaat oder Pflanzung im Frühjahr; Vermehrung durch Teilung im Herbst; im Winter Wurzelstecklinge schneiden.

Pflege Anspruchslos; ebenerdiger Rückschnitt nach der Blüte; zur Verjüngung die Wurzelstöcke etwa alle 3 Jahre teilen.

Verwendung Die prachtvolle Blütenstaude ist als Solitär wie auch in Gruppen ein augenfälliger Schmuck für Beete und Rabatten. Gute Nachbarpflanzen wären Astern *(Aster)*, Lein *(Linum perenne)*, Königskerzen *(Verbascum)* oder Hoher Staudenphlox *(Phlox paniculata)*. Dekorative Kombinationen lassen sich mit Ziergräsern oder Blattschmuckpflanzen erzielen. Gute Schnittblume.

INFO

Bienen, Hummeln und Schmetterlinge schätzen den Roten Sonnenhut als ergiebige Futterquelle. In der Medizin setzt man den Wurzelextrakt der Pflanze schon seit langem zur Bekämpfung von Erkältungskrankheiten ein.
Empfehlenswert sind die Sorten 'Abendsonne' *mit einer lachs- bis karminrosafarbenen Blüte und straff stehenden Zungenblüten;* 'Alba' *blüht weiß mit grünlichem Schimmer und die großblumige* 'Magnus' *karminrosa.*

Echinops ritro syn. E. bannaticus

Familie Korbblütengewächse *(Asteraceae)*

Herkunft Südeuropa, Balkan

Wuchs Horstig, leicht buschig werdend, aufrecht wachsende, 100 bis 150 cm hohe Stängel, gefiederte, distelartige, fiedrig zerteilte, mit Dornen versehene Blätter, Oberseite graugrün, Unterseite weiß- bis graufilzig.

Blütezeit/Blüte Juli – September. Mittelgroße, stahlblaue, kugelige, igelartige Blütenköpfe mit langen stacheligen Hüllblättern auf kräftigen, rundlichen, etwas verzweigten Stängeln.

Standort Sonnig auf normalen bis trockenen, nährstoffreichen, nicht zu flachgründigen, humosen Böden; verträgt keine Staunässe.

Pflanzen/Vermehren Pflanzung im Frühjahr oder Herbst; Vermehrung durch Teilung, Wurzelschnittlinge und bei der reinen Art auch Aussaat bzw. Selbstaussaat.

Pflege Anspruchslos; besonders winterhart; Begrenzung durch Abstechen erforderlich.

Verwendung Die stattliche, sehr robuste Pflanze eignet sich gut für die Pflanzung in Naturgärten. Ist genügend Platz vorhanden, lässt man sie etwas verwildern. Sie passt auch gut vor Gehölzgruppen oder an dem Gehölzrand. Gute Nachbarpflanzen sind alle sonnenliebenden, konkurrenzstarken Stauden. In Kombination mit Königskerze *(Verbascum chaixii)*, Goldgarbe *(Achillea filipendula)*, Türkischem Mohn *(Papaver orientale)* und Gräsern pflanzt man sie am besten auf offene Beete. Gute Bienen- und Schmetterlingsweide.

TIPP

Empfehlenswerte Sorten sind u. a. 'Veitch's Blue', *die 120 cm hoch wird, oder die weiß blühende Art* Echinops sphaerocephalus. *Die Blütenstände halten sich übrigens gut in der Vase und sind auch zum Trocknen geeignet.*

Epimedium rubrum

Familie Sauerdorngewächse *(Berberidaceae)*

Herkunft Wälder Japans

Wuchs Buschartige, nicht wuchernde Staude, 20–40 cm hoch; dicht geschlossene, mehrfach dreizählige, schmal-herzförmige, etwas asymmetrische, zugespitzte, grüne mit warmen Brauntönen gezeichnete Blätter, Blattfärbung vom Rand nach Innen verlaufend, wintergrün; rötlich gefärbter Austrieb nach der Blüte.

..Elfenblume, Sockenblume

Blütezeit/Blüte April – Mai. Leuchtend rote, orchideenartige Blüten mit gelblich weißer Mitte in Rispen an dünnen, drahtigen, bräunlichen Stängeln deutlich über den Blättern stehend.

Standort Halbschatten in frischen, lockeren, schwach sauren, humosen Böden.

Pflanzen/Vermehren Aussaat und Pflanzen im Frühjahr; Vermehrung durch Teilen im Spätfrühjahr.

Pflege Anspruchslos, Verwelktes entfernen, eventuell Rückschnitt bei unansehnlichem Laub für den Neuaustrieb.

Verwendung Die attraktive Blattschmuckstaude ist als Bodendecker für Gehölzgruppen hervorragend geeignet. Man verwendet sie als Unterpflanzung oder setzt sie an den Rand von Sträuchern und Bäumen. Da sie nicht wuchert, ist sie auch für kleinere Flächen geeignet. Als Begleitstauden kommen typische, Waldboden liebende Pflanzen in Frage wie Schneemarbel *(Luzula nivea)*, Golderdbeere *(Waldsteinia geoides)*, Wildastern *(Aster)* oder auch Farne. Mit Akelei *(Aquilegia vulgaris)*, Geißbart *(Aruncus dioicus)*, Fingerhut *(Digitalis)* oder Funkie *(Hosta sieboldiana)* lassen sich schöne Arrangements im Schatten gestalten.

INFO

An zu hellen Standorten besteht Auswinterungsgefahr durch Spätfröste, an zu dunklen Standorten werden nicht so viele Blüten gebildet.

Eremurus robustus + E. stenophyllus

Familie Affodillgewächse *(Asphodelaceae)*

Herkunft Asien

Wuchs Seesternartiger Wurzelstock, horstartig, streng aufrecht wachsend, je Sorte inkl. Blütenständen 150–200 cm hoch; blaugrüne, im oberen Drittel etwas überhängende Blätter; *Eremurus robustus* mit bis 5 cm breiten, linealischen, gekielten Blättern, während der Blüte einziehend; *E. stenophyllus* mit schmalen, linealischen Blättern.

Blütezeit/Blüte Mai – Juli. Große, endständige, aufrechte, walzenförmige Blütenkerzen auf langen runden Stängeln mit unzähligen winzigen Einzelblüten, von unten nach oben abblühend; *E. robustus* blüht weiß bis rosa, *E. stenophyllus* in den Farbtönen Gelb bis Orange.

Standort Auf vollsonnigen Plätzen in sandig-lehmiger, nahrhafter, sehr gut durchlässiger, tiefgründiger Gartenerde.

...Steppenkerze

Pflanzen/Vermehren Flache Pflanzung im Frühjahr; Vermehrung durch Wurzelteile.

Pflege Verblühtes und Verwelktes entfernen; vor Nässe schützen.

Verwendung Die prachtvolle, exotisch wirkende Blütenstaude, auch Lilienschweif oder Kleopatranadel genannt, ist prädestiniert für die Einzelstellung. Als Leitpflanze im Beet kombiniert man sie mit anderen sonnenhungrigen Pflanzen wie Fackellilie *(Kniphofi)*, Türkischem Mohn *(Papaver orientale)* oder Ziergräsern, in Rabatten ist eine Kombination mit Rosen *(Rosa)* sehr wirkungsvoll, und als kleinere Pflanzen passen Thymianarten oder Phlox.

TIPP *Die langstieligen Blütenkerzen sind auch als Schnittblume sehr gut geeignet.*

Erigeron-Hybriden

Familie Korbblütengewächse *(Asteraceae)*

Herkunft Nordamerika

Wuchs Horstartig, buschig verzweigt, 70 cm hohe Stängel; wechselständige, lanzettliche, kahle, ganzrandige, sattgrüne Blätter.

...Feinstrahl, Feinstrahlaster, Berufkraut

Blütezeit/Blüte Juni – Juli; Köpfchenblüte, in Büscheln auf verzweigten Stängeln mit feinen Zungenblüten, je Sorte in den Farben Weiß, Rosa, Rot, Violett oder Blau mit gelber Mitte.

Pflanzen/Vermehren Pflanzung im Herbst und Frühjahr; Vermehrung durch Teilung oder durch Grünstecklinge.

Standort Vollsonnig auf normalen, nährstoffreichen, frischen, nicht zu schweren, humosen Böden.

Pflege Verblühtes und Verwelktes regelmäßig entfernen; handbreiter Rückschnitt nach der Blüte, ermöglicht eine Nachblüte im Herbst; Kompostgabe im Spätherbst, alle 3–4 Jahre durch Teilen verjüngen.

Verwendung Die reichlich blühende Staude kann auf Rabatten oder Staudenbeete gepflanzt werden. Harmonische Begleitpflanzen sind Rittersporn *(Delphinium)*, Mädchenauge *(Coreopsis)*, Goldrute *(Solidago)* oder Phlox *(Phlox)*. Hübsch macht sie sich ebenfalls im Vordergrund von kleinwüchsigen, dunkelgrünen Gehölzen, aber auch in Kombination mit weiß oder gelb blühenden, niedrig wachsenden Rosen.

TIPP

Die Feinstrahlaster ist eine wertvolle Schnittblume. Die Blüten sollen beim Schnitt schon geöffnet sein, da sich die Knospen in der Vase nicht öffnen.

Eupatorium maculatum

Familie Korbblütengewächse *(Asteraceae)*

Herkunft Nordamerika

Wuchs Winterharte, kräftige, aufrechte, dicht buschig wachsende Staude, 150–200 cm hohe, purpurrote Stängel; lanzettliche, quirlförmig angeordnete, violett gefleckte und oft rötlich geäderte Blätter.

Blütezeit/Blüte Juli – Oktober. Riesige, flache, schirmartige, duftende Dolden aus unzähligen, winzigen, rotvioletten Blütenköpfchen.

Standort Sonnig bis halbschattig; frische bis feuchte, nährstoffreiche, kalkreiche, humose Böden.

Pflanzen/Vermehren Aussäen oder pflanzen im Frühjahr; Vermehrung durch Teilen außerhalb der Blütezeit oder Stecklinge schneiden.

Pflege Anspruchslos; im Frühjahr handbreit über dem Boden zurückschneiden; nicht austrocknen lassen.

Verwendung Durch seine eher feuchten Bodenansprüche ist der Wasserdost für die Pflanzung in der Nähe von Gartenteichen oder Bachläufen geradezu prädestiniert. Seine imposante Erscheinung wirkt sehr gut in Einzelstellung. Auf großflächigen Staudenbeeten harmoniert er mit Taglilien *(Hemerocallis)*, Blutweiderich *(Lythrum salicaria)*, Glattblattaster *(Aster novi-belgii)*, Margeriten *(Leucanthemum)* oder mittelhohen bis hohen Ziergräsern.

...Wasserdostt, Wasserhanf

INFO

Die riesigen Stauden locken zur Blütezeit viele Schmetterlinge an, und selbst verblühte Schirmdolden stellen auch im Winter einen schönen Anblick dar. Empfehlenswert ist die 150–180 cm hohe Sorte **'Atropurpureum'** mit weinroter Blüte.

Euphorbia polychroma

Familie Wolfsmilchgewächse *(Euphorbiaceae)*

Herkunft Europa, Vorderasien, Nordafrika

Wuchs Horstartig, halbkugelig, buschig; 15–25 cm hohe, zarte Stängel; weichzottige, schmal-lanzettliche, gelbgrüne, leicht behaarte Blätter, alle Pflanzenteile Milchsaft führend, giftig.

...Wolfsmilch, Goldwolfsmilch

Blütezeit/Blüte April – Mai. Grünlich gelbe, winzige, relativ unattraktive Einzelblüten von leuchtend gelb gefärbten Hochblättern umgeben, kräftig gelbe Nektardrüsen, in lockeren, endständigen Trugdolden.

Standort Sonnig bis absonnig; mäßig trockene bis frische, lockere und gut durchlässige, kalkhaltige Gartenerde.

Vermehrung/Pflanzen Pflanzung im Frühjahr; Vermehrung durch Teilung oder Stecklinge im Frühjahr und Herbst, auch Aussaat im Frühjahr oder Herbst möglich.

Pflege Pflegeleicht; übersteht kurze Trockenperioden; im Herbst bodennaher Rückschnitt, in rauen Lagen Winterschutz.

Verwendung In Naturgärten findet man die Goldwolfsmilch im Bereich offener Gehölzränder. Durch die unterschiedlichen Wuchshöhen wirkt eine Kombination mit anderen Wolfsmilcharten, wie *Euphorbia cyparissias* oder der immergrünen *Euphorbia robbiae* sehr lebendig. Beliebte Begleitpflanzen im Staudenbeet sind Polsterstauden wie Steinkraut *(Alyssum saxatile)*, Schleifenblume *(Iberis sempervirens)*, Polsterphlox *(Phlox subulata)* oder Hornkraut *(Cerastium tomentosum)*.

INFO

Die heimische Wildpflanze lockt zur Blütezeit Bienen an. Achtung: Der Milchsaft der Pflanze ist hautreizend, bei Pflege- oder Vermehrungsarbeiten sollte man zum Schutz Handschuhe anziehen.

Festuca cinerea

Familie Süßgräser *(Gramineae)*

Herkunft Südliches Mitteleuropa

Wuchs Wintergrün und ausdauernd; je nach Sorte horstig, halbkugelig oder Polster bildend; in der Blüte 30–80 cm hoch; 15–40 cm lange, dünne, ziemlich straffe, an den Spitzen leicht überhängende Blätter, nach allen Seiten abstehend; Stängel und Blätter mit intensiv blaugrüner Färbung.

Blütezeit/Blüte Juni – Juli. Lockere Rispen mit kurz begrannten, fahlgelben Ährchen, über den Blättern stehend.

Standort Volle Sonne in trockener bis frischer, gut durchlässiger, magerer bis nährstoffhaltiger, steinhaltiger Gartenerde; verträgt keine Staunässe.

Pflanzen/Vermehren Pflanzung sowie Vermehrung durch Teilung im Frühjahr, bei der reinen Art auch Aussaat möglich.

Pflege Anspruchslos; nicht düngen; abgestorbene Halme auszupfen.

Verwendung Durch seine Herkunft bedingt, ist der Blauschwingel an magere, heiße Standorte gewöhnt und fühlt sich im Steingarten in Gesellschaft von Steinkraut *(Alyssum saxatile)*, *Sedum*-Arten oder Hornkraut *(Cerastium tomentosum)* richtig wohl. Elegant wirken Ton-in-Ton-Kompositionen mit blau blühenden Pflanzen wie Kugeldistel *(Echinops ritro)*, Rittersporn *(Delphinium)*, Katzenminze *(Nepeta × faassenii)* und Lein *(Linum perenne)*. Hübsche Kontraste entstehen mit weiß, rot oder gelb blühenden Pflanzen.

TIPP

Zu den bodendeckenden Blauschwingel-Sorten gehören u. a. 'Silberreiher'*, 20–30 cm hoch, silbrigblau, kaum blühend;* 'Frühlingsblau'*, 15–25 cm, graublau, 30–50 cm hohe Rispen;* 'Harz'*, 15–25 cm, dunkel olivgrün, 30–50 cm hohe Rispen.*

Filipendula rubra

Familie Rosengewächse *(Rosaceae)*

Herkunft Nordamerika

Wuchs Locker aufrecht; bis 150 cm hohe, kräftige Stängel; gelappte, sieben- bis neunteilige, längliche, unterbrochen gefiederte, doppelt gesägte Blätter; Blattnerven unterseits behaart; die gesamte Pflanze verströmt einen süßlichen Duft.

..Mädesüß, Königsspiere

Blütezeit/Blüte Juli – August. Große lockere, korbartige, endständige Rispen mit unzähligen, winzigen, zarten, fünfstrahligen, rosaroten Einzelblüten mit flaumigen Staubblättern.

Standort Sonne bis Halbschatten; frische bis feuchte, nährstoffreiche, lehmige, humose Böden.

Pflanzen/Vermehren Pflanzung im Herbst oder auch im Frühjahr; Vermehrung durch Samen oder Teilung des Wurzelstocks im Frühjahr.

Pflege Relativ anspruchslos; Verblühtes und Verwelktes regelmäßig entfernen; in Trockenperioden auf ausreichende Wasserversorgung achten.

Verwendung Die imposante Blütenstaude ist am besten an feuchten Standorten, beispielsweise an Gartenteichen, aufgehoben – einzeln aber auch in Gruppen. In diesem Bereich harmoniert sie mit Nachbarpflanzen wie Taglilien *(Hemerocallis)*, Goldkolben *(Ligularia stenocephala)*, Blutweiderich *(Lythrum salicaria)*, Wiesenknöterich *(Bistorta affinis)* oder Ziergräsern. Das Mädesüß kann sogar fast bis in den sumpfigen Bereich hinein gepflanzt werden. Auf sonnigeren Plätzen gedeiht es ebenso gut, so lange genügend Bodenfeuchtigkeit vorhanden ist.

TIPP *Eine kleinwüchsige Sorte ist u. a.* 'Nana'*, sie wird nur 30 cm hoch und blüht tiefrot.* 'Venusta' *mit einer Höhe von 180 cm blüht leuchtend rosa.*

Gaillardia-Hybriden............

Familie Korbblütengewächse *(Asteraceae)*

Herkunft Mittel- und Nordamerika

Wuchs Sortenabhängig aufrecht, buschig bis halbkugelig, 20–70 cm hoch; fiederteilige Grundblätter; lanzettliche, behaarte Stängelblättchen.

Blütezeit/Blüte Juni – September. Große dekorative Korbblüten, zweifarbige rot-gelborangefarbene Zungenblüten, in der Mitte purpurfarbene Röhrenblüten.

Standort Sonnig auf nährstoffreichen, humosen Böden.

Pflanzen/Vermehren Pflanzung im Frühjahr und Herbst; Vermehrung durch Teilung oder auch Stecklinge.

Pflege Robust; Verwelktes und Verblühtes entfernen; handhoher Rückschnitt nach der Blüte; alle 3–4 Jahre zur Verjüngung teilen; in rauen Lagen Winterschutz erforderlich.

Verwendung Die amerikanische Schönheit passt mit ihren warmen Farben zu vielen anderen, sonnenhungrigen Pflanzen auf offene Beete und Rabatten. Als Begleitpflanzen bieten sich Rittersporn *(Delphinium)*, Mädchenauge *(Coreopsis)*, Feinstrahlastern *(Erigeron)*, Sonnenhut *(Rudbeckia)* oder Sonnenröschen *(Helianthemum)* an. In Gruppen gepflanzt, wirken sie mit ihren farbenfrohen Blüten zudem sehr schön vor sattgrünen Gehölzen.

...Kokardenblume, Papageienblume

TIPP

Viele Sorten sind empfehlenswert, u. a. **'Kobold'**, *20–25 cm hoch, gelbrot;* **'Burgunder'**, *60 cm hoch mit roter Blüte;* **'Bremen'**, *50–60 cm hoch, dunkelscharlachrot;* **'Fackelschein'**, *70 cm hoch, dunkelrot. Die hoch wachsenden Sorten sind zudem hervorragende Schnittblumen, sie halten sich ohne weiteres gut zwei Wochen in der Vase.*

Gentiana sino-ornata

Familie Enziangewächse *(Gentianaceae)*

Herkunft Südwestchina

Wuchs Rasenartig, aufstrebend, bis 20 cm hoch, niederliegende Triebe wurzelnd; steife, schmale, lanzettliche, zugespitzte, sattgrüne Blätter.

Blütezeit/Blüte September – November. Trichterförmige, einzeln stehende azurblaue, mit purpurblauen Streifen versehene Blüten.

...Herbstenzian, Oktoberenzian

Standort Sonne bis Halbschatten, in sehr saurer, relativ feuchter Erde.

Pflanzen/Vermehren Aussaat im Spätherbst bis Winter möglich; Pflanzung im Frühjahr und Herbst; zur Vermehrung ältere Pflanzen teilen oder Stecklinge schneiden.

Pflege Anspruchslos; Pflanzbeet gleichmäßig feucht halten.

Verwendung Der Herbstenzian ist durch seine Bodenansprüche bedingt eine typische Pflanze für Moorbeete. Als blühender Bodendecker vor immergrünen Rhododendren, Azaleen oder in Verbindung mit flächendeckenden Pflanzen, wie Schuppenheide *(Cassiope)*, werden Liebhaber von Moorbeeten beim Anblick dieser Arrangements nicht enttäuscht sein. Auch in Kombinationen mit Heide- oder Steppenpflanzen wie z. B. unterschiedlich blühender Erika *(Erica)* oder als Unterpflanzung von Heidelbeeren vielleicht in Gesellschaft von Steinbrech *(Saxifraga)* bezaubert der elegante Herbstenzian.

TIPP

Empfehlenswerte Sorten sind u. a. die weiß blühende 'Alba', *oder die sehr kompakt wachsende* 'Blue Shell JP'. *Durch die sehr kurzen Stängel sind Enziane für Tröge und Schalen besonders geeignet. An ihren Wildstandorten stehen alle Enzianarten unter Naturschutz.*

Geranium cinereum ssp. subcaulescens

Familie Storchschnabelgewächse *(Geraniaceae)*

Herkunft Italien bis Kleinasien

Wuchs Lockere Blattpolster bildend, 15–20 cm hoch; weiche, rundliche, tief eingeschnittene kräftig grüne Blätter in grundständiger Rosette; ganze Pflanze leicht duftend.

Blütezeit/Blüte Mai – August. Zarte, schalenförmige, fünfzählige, leuchtend magentarote Blüten mit auffallendem dunklem Auge in der Mitte; Blütenblätter meist auch mit dunkleren Adern versehen.

Pflanzen/Vermehren Pflanzung im Frühjahr oder Herbst; Vermehrung vor oder auch nach der Blüte durch Teilung; auch Aussaat gut möglich.

Standort Vollsonnig und gerne warm in mäßig trockenen bis frischen, durchlässigen Böden.

Pflege Anspruchslos; Staunässe vermeiden; Rückschnitt nach der Blüte kann eine Nachblüte fördern.

Verwendung Der sonnenhungrige und genügsame Zwerg- oder Felsenstorchschnabel fühlt sich in Steingärten, am Rande von Trittsteinen oder Treppen oder auch in Pflanztrögen wohl. Schöne Kombinationen lassen sich mit niedrig wachsendem Schleierkraut *(Gypsophila)*, Steinkraut *(Alyssum)*, Federnelke *(Dianthus plumarius)* oder auch Katzenpfötchen *(Antennaria dioica)* sowie niedrigeren Ziergräsern erzielen.

Zwergstorchschnabel

INFO

Die langen Samenstände, die in ihrer Form einem Storchenschnabel ähneln, gaben der Pflanzengattung ihren Namen. Die 15 cm hohe Sorte **'Splendens'** *besticht mit vielzähligen leuchtend lachsrosa Blüten mit einer dunkelroten Mitte und schwarzblauen Staubbeuteln.*

Geranium x magnificum

Familie Storchschnabelgewächse (*Geraniaceae*)

Herkunft Eurasien; Kreuzung von *Geranium ibericum* und *Geranium platypetalum*.

Wuchs Locker aufrecht, nicht immer standfest, 50–60 cm hohe, vielfach verzweigte Stängel, Ausläufer bildend; behaarte, rundliche bis handförmige, eingekerbte bis tief zerteilte, kräftig grüne Blätter; rote und gelbe Herbstfärbung; die ganze Pflanze duftet leicht.

...Prachtstorchschnabel

Pflanzen/Vermehren Pflanzung im Frühjahr; Vermehrung durch Wurzelschnittlinge.

Blütezeit/Blüte Juni – Juli. Überreich allerdings nur einmal blühende, endständige, leuchtend blauviolette 4–5 cm große Schalenblüten mit rötlicher Aderung.

Standort Halbschatten bis Schatten in mäßig trockener bis frischer, nährstoffreicher Gartenerde.

Pflege Anspruchslos; Förderung der Standfestigkeit durch Rückschnitt nach der Blüte.

Verwendung Diese prächtig blühende Schattenstaude ist prädestiniert für den naturnahen Garten. Man pflanzt sie vor Gehölzgruppen oder an den Gehölzrand. Verbindungen mit weiß blühenden Beetrosen, bodendeckenden Rosen und anderen *Geranium*-Arten ergeben ein äußerst harmonisches Bild. In Gruppen gepflanzt, wirkt der Prachtstorchschnabel besonders schön. Kontrastreich zu den blauvioletten Blüten wäre die Pflanzung mit dem gelbgrün blühenden Frauenmantel *(Alchemilla mollis)*. Wird auf genügend Feuchtigkeit geachtet, schmückt der Prachtstorchschnabel auch Pflanztröge.

INFO *Eine Vermehrung durch Aussaat ist nicht möglich, da die Pflanze steril ist.*

Geum-Hybriden

Familie Rosengewächse *(Rosaceae)*

Herkunft Chile und Südosteuropa, Kreuzung von *Geum chiloense* und *Geum coccineum*.

Wuchs 20–50 cm hohe, im obersten Teil leicht gebogene Stängel; unregelmäßig gefiederte, grob gezähnte, wintergrüne Blätter.

Blütezeit/Blüte April – Juni. Anemonenartige, leuchtend orangegelb- bis rotorangefarbene Blüten, deutlich über den Blättern stehend, mit Büscheln gelber Staubfäden.

Pflanzen/Vermehren Pflanzung im Frühjahr; Vermehrung durch Teilen im Frühjahr oder Herbst.

Standort Halbschattig; frische bis feuchte, nährstoffreiche, humose Böden; nicht empfindlich gegen zeitweilige Trockenheit, dafür aber gegen Staunässe.

Pflege Verwelktes und Verblühtes regelmäßig entfernen; alle 3–4 Jahre durch Teilen verjüngen; Winterschutz durch Laubschütte erforderlich.

Verwendung Die reichlich blühende Staude kommt am besten in größeren Gruppen gepflanzt zur Geltung. Ihre leuchtende Blütenfarbe wirkt vor Gehölzgruppen ebenso schön wie auf offenen Beeten. Farbenfrohe Kombinationen ergeben sich mit weiß, blau oder gelb blühenden Pflanzen wie Taubnessel *(Lamium)*, Kaukasusvergissmeinnicht *(Brunnera macrophylla)*, Lungenkraut *(Pulmonaria saccharata)*, Nachtkerze *(Oenothera tetragona)* oder auch mit Gräsern und Farnen. Die flaumigen Samenstände der Nelkenwurz sind ebenfalls sehr dekorativ.

TIPP

Empfehlenswerte Sorten mit gefüllten Blüten sind u. a. **'Mrs. Bradshaw'**, *25 cm hoch mit roter Blüte;* **'Goldball'**, *60 cm hoch, gelb;* **'Fire Opal'**, *dunkelrot. Die Sorte* **'Georgenberg'** *besitzt einfache, orange-gelbe Blüten und wird 25 cm hoch.*

Gypsophila paniculata

Familie Nelkengewächse *(Caryophyllaceae)*

Herkunft Südosteuropa, Kaukasus, Sibirien

Wuchs Dicker, langer, reich verästelter Wurzelstock; buschig, halbkugelförmiger Wuchs, etwa 100 cm hoch; zartdünne, reich verzweigte Stängel mit kleinen, lineal-lanzettlichen, graugrünen Blättern.

Riesenschleierkraut

Blütezeit/Blüte Juli – September. Unzählige, endständige, kleine, fünfstrahlige, je nach Sorte einfache bis gefüllte, weiße oder rosa Blüten in duftigen, schleierartigen Rispen.

Standort Sonnige, windgeschützte Plätze in tiefgründiger, lehmiger bis sandiger, steiniger, auch kalkhaltiger Gartenerde.

Pflege Anspruchslos; ebenerdiger Rückschnitt im Winter.

Pflanzen/Vermehren Pflanzung im Frühjahr; Vermehrung durch Stecklinge im Sommer oder Aussaat im Frühjahr.

Verwendung Die sehr zart wirkende und doch so üppig blühende Pflanze wird gern auf offene Staudenbeete oder Rabatten gepflanzt. Geeignete Begleitpflanzen sind Lavendel *(Lavandula),* Lein *(Linum perenne),* Glockenblumen *(Campanula)* oder Königskerzen *(Verbascum).* Altbewährt ist eine Verbindung mit rot oder orangefarben blühenden Beet- oder Strauchrosen. Niedrig wachsende Sorten passen gut neben anderen Sonnenanbetern in Steingärten.

TIPP

Das Riesenschleierkraut ist eine hervorragende Schnittblume und nicht nur bei Floristen für Trockengestecke beliebt. Empfehlenswerte gefüllt blühende Sorten sind u. a. 'Compacta Plena'*, 30 cm hoch, weißrosa;* 'Pink Star'*, 50 cm hoch, rosa. Die 100 cm hoch wachsende Sorte* 'Schneeflocke' *gibt es einfach sowie gefüllt blühend.*

Helenium-Hybriden

Familie Korbblütengewächse *(Asteraceae)*

Herkunft Nordamerika

Wuchs Aufrecht, reich verzweigt und buschig, 60–120 cm hohe, kräftige Stängel; dichte, elliptische bis lanzettliche, ganzrandige bis leicht gezähnte dunkelgrüne Blätter.

Blütezeit/Blüte Juni – September. Endständige, je nach Sorte gelbe, gelbbraune, rote oder rotbraune Blütenköpfe, häufig zwei- bis mehrfarbig, mit gelber bis rotbrauner, aufgewölbter Mitte.

Pflanzen/Vermehren Aussäen oder pflanzen im Frühjahr; Vermehrung durch Teilen älterer Pflanzen oder Stecklinge schneiden.

Standort Vollsonnig in normaler, frischer bis feuchter, tiefgründiger, nährstoffreicher, humoser Gartenerde.

Pflege Reichliche Wassergaben; hoch wachsende Sorten aufbinden; ebenerdiger Rückschnitt im Spätherbst; im Frühjahr eine Kompostgabe.

Verwendung Die eifrig und lang blühende, frostharte Staude wird gern in Gruppen auf Rabatten oder in Verbindung mit anderen sommer- bzw. herbstblühenden Pflanzen auf offenen Beeten gepflanzt. Gute Partner sind Goldrute *(Solidago)*, Rittersporn *(Delphinium)*, Phlox *(Phlox)*, Indianernessel *(Monarda)* oder Sonnenhut *(Rudbeckia)*. Die Sonnenbraut ist eine sehr dankbare und ausgezeichnete Schnittblume und wird von Insekten gern zur Nahrungsaufnahme besucht.

TIPP

Eine Kombination aus verschiedenen Sorten der blühfreudigen Pflanze wirkt sehr lebendig und farbenfroh. Bewährte Sorten sind u. a. **'Goldrausch'**, *150 cm, goldgelb mit gelber Mitte;* **'Blaudirektor Linne'**, *100 cm, samtigrot mit brauner Mitte;* **'Moerheim Beauty'**, *80 cm, kupferrot mit dunkler Mitte;* **'The Bishop'**, *60–80 cm, gelb mit brauner Mitte*

Helianthemum-Hybriden...

Familie Zistrosengewächse *(Cistaceae)*

Herkunft Europa, Kreuzung aus *Helianthemum apenninum* und *Helianthemum nummularium*

Wuchs Kompakt buschig bis teppichartig, 15–40 cm hoch; schmale, eiförmige, wintergrüne, je nach Sorte dunkelgrüne oder silbergraue, behaarte Blätter; Stängelgrund mit der Zeit verholzend.

...Sonnenröschen

Blütezeit/Blüte Mai – Oktober. Überreichliche, schalenförmige, kleine, je nach Sorte einfache bis gefüllte, rote, gelbe, rosafarbene oder orangerote Einzelblüten – wildrosenähnlich – in traubigem Blütenstand; Blüten öffnen sich nur für einen Tag.

Pflanzen/Vermehren Pflanzung im Frühjahr; Vermehrung durch Teilung oder Stecklinge.

Standort Volle Sonne; mäßig trockene, karge, steinige, durchlässige, kalkhaltige Gartenerde.

Pflege Anspruchslos; Rückschnitt im Mai oder nach der Blüte beugt Verkahlung älterer Pflanzen vor; in rauen Lagen Winterschutz erforderlich.

Verwendung Die sehr genügsame, jedoch blühfreudige Pflanze ist ein typisches Gewächs für Steingärten, fühlt sich auf vollsonnigen Beeten, Rabatten, Böschungen oder Kiesflächen aber ebenso wohl. Sie wächst auf Mauerkronen oder gibt Platten und Steinen eine blühende Umrandung. Hübsche Begleitpflanzen sind der blau blühende Lein *(Linum perenne)*, Hornkraut *(Cerastium tomentosum)* oder trockenresistente Ziergräser.

TIPP

Die einfach blühenden Sorten blühen bis August. Hierzu zählen u. a. 'Golden Queen'*, goldgelb;* 'Lawrensons Pink'*, rosa mit orangefarbener Mitte;* 'Braungold'*, hellbraun bis orange, mit gelber Mitte. Die gefüllt blühenden Sorten blühen bis in den Herbst hinein.*

Helleborus niger

Familie Hahnenfußgewächse *(Ranunculaceae)*

Herkunft Alpen, Karpaten

Wuchs Schwarzbrauner, kriechender Wurzelstock, horstartig, buschig, bis 25 cm hohe, rotbraun gepunktete Stängel; sieben- bis neunfach geteilte, kahle, lang gestielte, ledrige, wintergrüne Blätter; Stängelgrund mit der Zeit verholzend.

Blütezeit/Blüte Dezember – April, sortenabhängig. Weiße, auch grünliche, z. T. leicht rötlich überdeckte, schalenförmige Blüten; einzeln oder zu dreien.

Pflanzen/Vermehren Pflanzung im Frühling oder Spätherbst; Vermehrung durch Teilung im Spätsommer oder durch Aussaat (Kaltkeimer).

Standort Im lichten Schatten in normalem bis kalkhaltigem, humosem, auch schwerem Boden.

Pflege Am besten ungestört wachsen lassen, Umpflanzen wird nur schlecht vertragen; in der Wachstumsphase bei Trockenheit wässern; Verwelktes und Verblühtes entfernen.

Verwendung Mit ihren hübschen Blüten, die selbst im Schnee erscheinen, weckt die Christrose zusammen mit anderen Vorfrühlingsblühern wie z. B. der Zaubernuss *(Hamamelis)* den Garten aus seinem Winterschlaf. Im lichten Schatten vor, zwischen und unter Gehölzen gedeiht sie in Verbindung mit ebenfalls Schatten verträglichen Gräsern und Farnen. Hübsche Kombinationen sind mit früh blühenden Krokusarten *(Crocus)*, Buschwindröschen *(Anemone nemorosa)* oder Lungenkraut *(Pulmonaria saccharata)* möglich. Haltbare, winterliche Schnittblume.

Christrose, Schneerose, Nieswurz

INFO

Die gesamte Pflanze – besonders der Samen – ist giftig. Die heimische Art steht unter Naturschutz.

Hemerocallis-Hybriden........

Familie Tagliliengewächse *(Hemerocallidaceae)*

Herkunft Wildformen aus Ostasien, Gartenzuchtformen

Wuchs Horstartig, buschig, je nach Sorte 30–120 cm hohe Stängel, fleischig verdickte Wurzeln; lange, grasartige, überhängende, frischgrüne Blätter.

Blütezeit/Blüte Mai – Juni. Kurz gestielte, 10–15 cm große, glocken- oder sternähnliche Einzelblüten in den Farben Gelb, Rot, Orange, Lachs bis Hellrosa, häufig mit andersfarbigen Streifen versehen, auch zwei- oder dreifarbig; locker verzweigte, vielknospige Blütenstände, die von unten nach oben aufblühen; jede Blüte öffnet sich nur für einen Tag.

Pflanzen/Vermehren Aussaat oder Pflanzung im Frühjahr; Vermehrung durch Teilung älterer Pflanzen vor oder nach der Blüte.

Standort Sonnig bis halbschattig auf frischen bis feuchten, nährstoffreichen, humushaltigen Gartenböden; keine Staunässe.

Pflege Verwelktes und Verblühtes entfernen, bei Trockenheit wässern; Kompostgabe im Herbst.

...Taglilie

Verwendung Mit den langlebigen Taglilien sind viele Kombinationen möglich, da die Bandbreite ihrer Blütenfarben und -formen, Ausnahme Reinweiß oder Blau, sowie ihre unterschiedlichen Wuchshöhen kaum Wünsche offen lässt. Auf Staudenbeeten harmonieren sie mit Rittersporn *(Delphinium)*, Margeriten *(Leucanthemum)*, Pfingstrosen *(Paeonia)* oder Kokardenblume *(Gaillardia)*. Am Teichrand passen Blutweiderich *(Lythrum salicaria)* oder verschiedene Ziergräser.

INFO

Die nahezu unzähligen Sorten werden in groß-, klein- und miniaturblütige und nach der Dauer ihrer Blütezeit unterteilt.

Heuchera sanguinea

Familie Steinbrechgewächse *(Saxifragaceae)*

Herkunft Nordamerika

Wuchs Polsterartig, buschig, 15–70 cm hoch, sortenabhängig; rundliche bis herzförmige, fünf- bis neunlappige, lederartige, wintergrüne, gezähnte Rosettenblätter.

Purpurglöckchen

Blütezeit/Blüte Mai – August. Kleine, glockenförmige, kräftig rote oder weiße Einzelblütchen in zierlich wirkenden Rispen auf langen, unbeblätterten, behaarten Stängeln.

Pflanzen/Vermehren Pflanzung im Frühjahr; Vermehrung durch Teilung im Herbst oder durch Triebstecklinge im Sommer.

Standort Lichter Schatten und luftfeucht in trockenen bis mäßig feuchten, nährstoffreichen Böden; auch sonnig, dann jedoch mehr gießen.

Pflege Robust; bei längerer Trockenheit wässern; Verwelktes und Verblühtes entfernen; etwa alle 3 Jahre durch Teilung verjüngen, in rauen Lagen Winterschutz nötig.

Verwendung Das Purpurglöckchen ist eine hervorragende Begleitpflanze für Beete und Rabatten. Zu hoch wachsenden Blütenstauden wie Rittersporn *(Delphinium)*, Margeriten *(Leucanthemum)* oder vor niedrig wachsenden Gehölzen, vor weiß blühenden Beetrosen oder in Verbindung mit Ziergräsern wird es gern gesehen. Hübsche Schnittblume.

TIPP

Eine bewährte Sorte ist die leuchtend karminrot blühende 'Splendens'*; relativ neu ist* 'Ruby Bells'*, die mit ihren Blütenstängeln 40 cm hoch wird und intensiv blutrot blüht.* Heuchera-*Hybriden sind etwas wuchsfreudiger, u. a. sind die zartrosa blühende* 'Gracillima' *oder die leuchtend rosafarbene* 'Scintillation' *empfehlenswert.*

Hosta sieboldiana

Familie Liliengewächse *(Liliaceae)*

Herkunft Japan, China, Korea

Wuchs Horstartig, buschig, massig, 40–80 cm hoch; große, feste, herzförmige bis eirunde und zugespitzte, mit kräftigen, auffälligen Adern versehene, graugrün bereifte Blätter mit glattem Rand.

Blütezeit/Blüte Juni – August. Malvenfarbige Knospen, die sich zu weißen bis zartvioletten trichterförmigen, nickenden Einzelblüten in dichten, einfachen Trauben an langen Stängeln kurz über den Blättern öffnen.

Pflanzen/Vermehren Pflanzung im Frühjahr; zur Vermehrung vor oder nach der Blüte teilen.

Standort Halbschatten bis Schatten auf frischen, nährstoffreichen, humosen Böden.

Pflege Relativ anspruchslos; Verwelktes und Verblühtes regelmäßig entfernen; bei anhaltender Trockenheit wässern, gelegentliche Kompostgaben im Herbst.

Verwendung Die imposante Blattschmuckstaude wird häufig am Gehölzrand oder in Verbindung mit niedrig wachsenden Strauchgruppen gepflanzt. In Innenhöfen belebt sie kahle Mauern. In Gruppen – möglichst aus verschiedenen Sorten – auf Staudenbeete gesetzt, bildet sie interessante Kontrastpunkte zu farbigen Blütenstauden. Schöne Begleiter sind Anemonen *(Anemone)*, Taglile *(Hemerocallis)*, Akelei *(Aquilegia vulgaris)*, Silberkerze *(Cimicifuga)*, Kaukasus- vergissmeinnicht *(Brunnera macrophylla)* oder Ziergräser und Farne.

...Große Blaublattfunkie

TIPP

Die auch Herzlilie genannte Funkie kommt ebenso in den Schattenpartien eines Gartenteiches gepflanzt gut zur Geltung.

Hypericum androsaemum

Familie Balsamapfelgewächse *(Clusiaceae)*

Herkunft Europa bis Kleinasien

Wuchs Straff aufrecht, strauchartig; leicht verzweigte, bis 50 cm hohe Stängel; kleine, zierliche, kreuzgegenständige, hellgrüne Blätter mit Öldrüsen; Stängelgrund mit der Zeit verholzend; die ganze Pflanze enthält blutroten Saft.

...Blutjohanniskraut, Mannsblut

Blütezeit/Blüte Juni – Oktober. Dichte Trugdolden endständiger, fünfblättriger, goldgelber Schalenblüten mit Büscheln aus langen, filigranen Staubfäden in der Mitte; rotbraune Beeren.

Standort Halbschattig bis sonnig auf mäßig trockenen bis frischen, durchlässigen, nährstoffreichen, humosen Böden.

Pflanzen/Vermehren Im Frühjahr oder Herbst pflanzen; zur Vermehrung teilen.

Pflege Anspruchslos; bei unansehnlichen Trieben gelegentlicher starker Rückschnitt.

Verwendung Diese zierlich wirkende Pflanze hellt mit ihren leuchtenden Blüten und ihrem auffälligen, orangeroten Fruchtschmuck dunklere Ecken des Gartens auf und wird gern vor Gehölzen oder in den Vorgarten gepflanzt.

TIPP

Das robuste, 20–40 cm hohe Teppichjohanniskraut (Hypericum calycinum) *ist gut vor oder zwischen Gehölzen einsetzbar. Seine blaugrünen, ledrigen, 5–10 cm großen Blätter, seine Ausläufer treibenden Triebe und die bis 8 cm großen goldgelben Blüten machen es selbst auf größeren Flächen zum attraktiven Bodendecker. Die Blätter bleiben in milden Regionen ganzjährig erhalten.*

Iberis sempervirens

Familie Kreuzblütengewächse *(Cruciferae)*

Herkunft Süd- und Mitteleuropa

Wuchs Polsterartig, leicht niederliegend bis aufrecht, 15–30 cm hohe, brüchige Stängel; schmale, fleischige, immergrüne Blätter; Stängelgrund mit der Zeit verholzend.

Blütezeit/Blüte März – Juni. Schneeweiße, kleine, angenehm duftende Kreuzblüten, in dichten endständigen, schirmähnlichen Blütenständen; knapp über den Blättern stehend.

Standort Sonnig und windgeschützt in normaler, mäßig trockener bis frischer, gut durchlässiger, nährstoffreicher Gartenerde.

Pflanzen/Vermehren Aussaat und Pflanzung im Frühjahr; Vermehrung durch Stecklinge nach der Blüte oder auch durch Selbstaussaat.

Pflege Relativ anspruchslos; Rückschnitt nach der Blüte um ein Drittel bis zur Hälfte; gelegentliche Kompostgaben im Herbst; nur in rauen Lagen Winterschutz erforderlich.

Verwendung Die weißen Blütenkissen schmücken Steingärten, Trockenmauern, Terrassen oder sonnige Rabatten. Gute Nachbarpflanzen mit ähnlichem Wuchs sind Blaukissen *(Aubrieta)*, Polsterphlox *(Phlox subulata)* oder Steinkraut *(Alyssum)*. In Staudenbeeten können sie in Gruppen zwischen höher wachsenden Pflanzen gesetzt oder als Beeteinfassung verwendet werden. Hübsche Kombinationen ergeben sich mit Tulpen, Narzissen oder Beetrosen in vorzugsweise kräftigen, klaren Farben.

Immergrüne Schleifenblume, Schneekissen

INFO

Die etwas früher blühende Felsenschleifenblume (**Iberis saxatilis**) *besitzt weiße Blüten in kerzenähnlichen Blütenständen. Im Halbschatten besteht für beide Arten die Gefahr der Auswinterung.*

Iris-Barbata-Elatior-Hybriden

Familie Schwertliliengewächse (*Iridaceae*)

Herkunft Südeuropa, Vorderasien; Gartenkreuzung

Wuchs Kriechender Wurzelstock; aufrechte Horste zwischen 70 und 120 cm hoch, sortenabhängig; graugrüne, schwertförmige, grundstän-dige Blätter.

Hohe Bartiris

Blütezeit/Blüte Mai – Juli. Viele Farben bzw. Schattierungen, sortenabhängig, auch zweifarbige oder geaderte, große Blüten; auf den drei äußeren, herabhängenden Blütenblättern bürstenförmige Gebilde („Bart"); Blütenstände hoch über den Blättern sitzend.

Standort Sonnig in mäßig trockenen bis frischen, gut durchlässigen, nährstoffreichen, leicht kalkhaltigen Böden; gegen Staunässe empfindlich.

Pflanzen/Vermehren Im Herbst nicht zu tief pflanzen; Vermehrung durch Teilen nach der Blüte; bei nachlassender Blühfreudigkeit verjüngt man die Staude ebenfalls durch Teilung.

Pflege Verwelktes und Verblühtes entfernen, eventuell abstützen; keine Stickstoffgaben, sonst Gefahr der Wurzelfäulnis.

Verwendung Die in vielen Blütenfarben erhältliche Hohe Bartiris verschönert Beete und Rabatten in sonniger Lage. Gute Nachbarpflanzen sind u. a. Lavendel *(Lavandula)*, Türkischer Mohn *(Papaver orientale)*, Salbei *(Salvia)*, Fackellilie *(Kniphofia)* oder hoch wachsende Ziergräser. Unterschiedliche Sorten bereichern noch das Farbenspektrum. Am besten pflanzt man sie in kleineren Gruppen zusammen.

TIPP

Auch kleinere Schwertliliengewächse sind im Handel erhältlich. Iris-Barbata-Nana-Hybriden *mit 10–40 cm Höhe und* Iris-Barbata-Media-Hybriden *mit 40–70 cm Höhe.*

Iris pseudacorus

Familie Schwertliliengewächse *(Iridaceae)*

Herkunft Europa, Kaukasus, Westsibirien

Wuchs Faseriger, kriechender Wurzelstock; aufrecht buschig, 80 bis 100 cm hoch; schwertförmige, etwa 2 cm breite, grüne Blätter.

Blütezeit/Blüte Mai – Juni. Gelbe, teils in der Mitte braunschwarz geaderte, tellerförmige, bis zu 20 cm große Blüten an verzweigtem Schaft; Blütengrund mit bräunlichem, dunkel geadertem Fleck; Blüte ist bartlos.

Standort Volle Sonne bis Halbschatten in feuchten bis dauernassen, nährstoffreichen, schwach sauren, humosen Böden.

Pflanzen/Vermehren Pflanzung im Frühjahr oder Herbst, auch Aussaat möglich; Vermehrung durch Teilung vor oder nach der Blüte.

Pflege Bei optimalem Standort anspruchslos.

Verwendung Durch ihre Bodenansprüche ist die Sumpfschwertlilie wie geschaffen für die Randbepflanzung eines Gartenteichs oder Bachlaufs, selbst für die Anlage eines reinen Sumpfbeetes, da sie sich noch bis zu 20 cm tief im Wasser stehend wohl fühlt. Gute Nachbarpflanzen sind Taglilie *(Hemerocallis)*, Wiesenknöterich *(Bistorta affinis)* oder Sumpfvergissmeinnicht *(Myosotis palustris)*. Hoch wachsende, typische Sumpfgräser wie der Rohrkolben oder Schilf können die Bepflanzung abrunden.

...*Sumpfschwertlilie, Wasserschwertlilie*

INFO

Empfehlenswert sind die gelb blühenden Sorten **'Beuron'** *mit 80–100 cm Höhe und* **'Ilgengold'** *mit 90–10 cm Höhe. Die Sorte* **'Alba'***, 90–100 cm, blüht cremeweiß. Interessant wirkt auch die Sorte* **'Variegatus'** *mit ihren gelblich-weißbunt gestreiften Blättern.*

Kniphofia-Hybriden

Familie Liliengewächse *(Liliaceae)*

Herkunft Südostafrika, Madagaskar

...Fackellilie, Tritome

Wuchs Horstartig, aufrecht, buschig, 60–150 cm hoch; grundständige, schmale, schilfartige, ledrige, dunkelgrüne bis 100 cm lange Blätter; wintergrün.

Blütezeit/Blüte Juni – September. Hohe, endständige Blütenkerzen auf unbeblätterten Stängeln, deutlich über den Blättern emporragend aus vielen, schmalen, dichtstehenden, herabhängenden Röhrenblüten (bis 35 mm lang) in den Farbtönen Rotorange bis Gelb; auch zweifarbig.

Standort Sonnig in frischen bis feuchten, nährstoffreichen, humosen Böden; keine Staunässe.

Pflanzen/Vermehren Pflanzung im Frühjahr; Vermehrung durch Teilen vor oder nach der Blüte, bei der reinen Art auch Aussaat möglich.

Pflege Verblühtes und Verwelktes entfernen; in rauen Lagen Winterschutz erforderlich.

Verwendung Die Fackellilie mit ihren schon von Weitem sichtbaren Blütenständen ist eine attraktive Leitpflanze für offene Staudenbeete. Harmonierende Partner sind Hohe Bartiris *(Iris-Barbata- Eliator)*, Margeriten *(Leucanthemum)* oder Schleierkraut *(Gypsophila paniculata)*. Besonders gut wirkt sie zusammen mit hoch wachsenden Ziergräsern oder auch reinen Blattschmuckpflanzen. Die Blütenstängel können zudem für die Vase geschnitten werden.

TIPP

Die Fackellilien sind relativ kurzlebig, können aber durch Teilen verjüngt werden. Empfehlenswerte Sorten sind u. a. 'Canary', *80 cm, zitronengelb;* 'Express', *80 cm, rot und gelb;* 'Alcazar', *90 cm, feuerrot oder* 'Grandiflora', *100–120 cm, signalrot und hellgelb.*

Lamium maculatum

Familie Lippenblütengewächse *(Lamiaceae)*

Herkunft Europa bis Kleinasien

Wuchs Niederliegend, flächig ausbreitend, rasenbildend mit kriechenden Ausläufern, 15–25 cm hoch; scharf gezähnte, längliche, etwas behaarte, weiß-silbrig gefleckte Blätter, keine Brennhaare.

Blütezeit/Blüte April – September. Je nach Sorte tiefrosafarbene, auch weiße, meist jedoch purpurfarbene, gefleckte Lippenblüten in beblätterten, quirligen Blütenständen.

Standort Halbschattig, im tieferen Schatten geringere Blüte; frische, lockere, nährstoffreiche, humose, auch sandige Böden.

Pflanzen/Vermehren Pflanzung im Frühjahr; Vermehrung durch Teilung oder Stecklinge.

...Gefleckte Taubnessel

Pflege Anspruchslos; zu starke Ausbreitung eventuell durch Aushacken begrenzen.

Verwendung Die teppichbildende Gefleckte Taubnessel wird vor oder zwischen Gehölzen gepflanzt. Sie blüht nicht nur schön, auch ihre Blätter sind ein lebendiges Schmuckelement. Ideale Partner wären Kaukasusvergissmeinnicht *(Brunnera macrophylla)*, Frauenmantel *(Alchemilla mollis)*, Storchschnabel *(Geranium)*, Salomonssiegel *(Polygonatum multiflora)*, schattenliebende Zwiebelpflanzen oder auch Gräser. Die nektarreichen Blüten werden zudem gern von Insekten besucht.

TIPP

Eine weitere wunderbare, langlebige Wald- bzw. Schattenstaude mit rotvioletten Lippenblüten ist die horstig bis zu 60 cm hoch wachsende Große Taubnessel (**Lamium orvala**)*, auch Nesselkönig genannt. Sie bevorzugt ebenfalls Halbschatten sowie humose Erde und blüht von Mai bis Juli.*

Lathyrus latifolius

Familie Schmetterlingsblütengewächse *(Fabaceae)*

Herkunft Südeuropa bis Russland

Wuchs Kletternd, 200 cm und auch höher; dicht belaubte, kantige Stängel mit eirunden bis lanzettlichen, paarig gefiederten und behaarten Blättern; verzweigte Blattranke.

Blütezeit/Blüte Juli – September. Je nach Sorte purpurne, karminrosa oder weiße, schmetterlingsförmige Einzelblüten, 5–8 in langstieligen Trauben; nicht duftend.

Standort Sonnig bis halbschattig in mäßig trockener bis feuchter, nährstoffreicher Gartenerde.

Pflanzen/Vermehren Pflanzung im Frühjahr und Herbst; Aussaat im Frühjahr; Vermehrung durch Teilen ebenfalls im Frühjahr.

Pflege Anspruchslos; handhoher Rückschnitt im Spätherbst; benötigt eine Kletterhilfe; für eine Verlängerung der Blütezeit müssen die Früchte vor der Reife entfernt werden.

Verwendung Die mit ihrer herrlichen Blütenpracht übersäte Pflanze ist für viele Gärten geeignet. Ist die robuste Kletterpflanze erst einmal angewachsen, kann sie Zäune, Pergolen und niedrige Mauern leicht begrünen. In einigem Abstand ist der Einsatz hoch wachsender Blütenpflanzen wie z. B. Königskerze *(Verbascum)*, Glockenblume *(Campanula)* oder hoch wachsender Ziergräser eine schöne Gestaltungsmöglichkeit.

Staudenwicke, Breitblättrige Wicke

TIPP

Die Staudenwicke kann als attraktive Schnittblume auch für die Vase geschnitten werden und wirkt sehr gut in bunten Bauernsträußen. Sie duftet zwar nicht wie ihre Verwandte **Lathyrus odoratus**, *ist dafür jedoch langlebiger. Empfehlenswerte Sorten sind u. a.* **'Rosa Perle'** *und* **'Weiße Perle'**, *rosa respektive weiß blühend.*

Lavandula angustifolia syn. L. officinalis

Familie Lippenblütengewächse (*Lamiaceae*)

Herkunft Mittelmeergebiet

Wuchs Kompakt, dicht buschig, 30–100 cm hoch; lanzettliche, graugrüne bis silbergraue, aromatische, behaarte, immergrüne Blätter; leicht eingerollter Blattrand; Stängelgrund mit der Zeit stark verholzend.

Blütezeit/Blüte Juni – August. Aromatisch-würzig duftende, blauviolette, bei Sorten auch weiße oder rosafarbene, winzige, dicht sitzende Lippenblüten, in langen Scheinähren.

Echter Lavendel

Standort Sonnig und warm in mäßig trockenen, lehmig-humosen, sandigen bis mäßig nährstoffreichen, kalkhaltigen Böden; keine Staunässe.

Pflanzen/Vermehren Pflanzung bevorzugt im Frühjahr; Vermehrung im Sommer durch Kopfstecklinge, die reine Art auch durch Aussaat im Frühjahr.

Pflege Anspruchslos; Verblühtes entfernen; alle 2–3 Jahre im Frühjahr um ein Drittel zurückschneiden; in rauen lagen Winterschutz nötig.

Verwendung Die fleißig blühende Duftstaude pflanzt man auf sonnige Beete, wobei sie selbst Halbschatten noch verträgt. Klassisch ist die Kombination mit Rosen, aber auch mit Nachtkerze *(Oenothera tetragona)*, Schleierkraut *(Gypsophila paniculata)* und Sonnenröschen *(Helianthemum)* verträgt sie sich gut. In Gruppen schmückt der Lavendel Terrassen, Böschungen oder Kiesflächen, und im Steingarten passt er zu Thymian *(Thymus)*, Teppichphlox *(Phlox subulata)* oder Fetthenne *(Sedum spectabile)*.

TIPP

Durch seinen Duft hält der Lavendel Läuse von den Nachbarpflanzen fern. Empfehlenswerte Sorten sind u. a. 'Munstead', *hell blauviolett;* 'Hidcote Blue', *blauviolett;* 'Dwarf Blue', *lavendelblau;* 'Alba', *weiß; oder* 'Rosea', *hellrosa.*

Leucanthemum maximum

Familie Korbblütengewächse *(Asteraceae)*

Herkunft Europa, Asien

Wuchs Horstartig, buschig, 60–70 cm hoch, aufrechte, meist unverzweigte Stängel; wenig bis stark gezähnte bis fiedrig eingeschnittene Blätter; Grundblätter eirund bis spatelförmig.

Blütezeit/Blüte Juni – September. Endständige, große Blütenköpfchen mit weißen, langen Zungenblüten und gelben Röhrenblüten in der Mitte; lockere Blütenstände.

Standort Sonnig in mäßig trockenen bis frischen, durchlässigen, nährstoffreichen Böden; verträgt keine Staunässe.

Pflanzen/Vermehren Pflanzung im Frühjahr oder Herbst; zur Vermehrung im Frühjahr teilen oder vor bzw. nach der Blüte Stecklinge schneiden.

Pflege Verwelktes und Verblühtes regelmäßig entfernen; bei anhaltender Trockenheit wässern; Kompostgaben im Herbst; zur Verjüngung alle 3–4 Jahre teilen.

Verwendung Die Margerite ist ein pflegeleichtes, natürlich gebliebenes Schmuckstück für Beete und Rabatten. Ihre reinweißen Blüten erlauben hervorragende Kombinationsmöglichkeiten mit fast allen farbintensiven Pflanzen, wie etwa Rittersporn *(Delphinium)*, Türkischem Mohn *(Papaver orientale)*, Nachtkerze *(Oenothera tetragona)* oder Phlox *(Phlox paniculata)*. Als Hintergrundbepflanzung empfehlen sich hoch wachsende Ziergräser.

...*Sommermargerite, Wucherblume*

TIPP

Margeriten sind exzellente Schnittpflanzen, die besonders in bunten Bauernsträußen wirken. Empfehlenswert sind u. a. die großblütige Sorte 'Maistern', *mit 60 cm Höhe; oder die früh blühende Sorte* 'Maikönigin', *70 cm Höhe.*

Liatris spicata

Familie Korbblütengewächse *(Asteraceae)*

Herkunft Nordamerika

Wuchs Knollige Wurzeln; horstartig, steif aufrecht, 60–90 cm hoch, während der Blüte bis 120 cm; lineal-lanzettliche, grasartige, kräftig dunkelgrüne Blätter, oben schmaler als unten.

Blütezeit/Blüte Juli – September. Vielzählige, winzige, violettfarbene, auch rötliche oder weiße, Röhrenblütchen (Zungenblüten fehlen), in 20 bis 30 cm langer, zylindrischer Ähre; blüht von oben nach unten ab.

Standort Vollsonnig in frischen, durchlässigen, normalen bis nährstoffreichen Böden; toleriert auch sandige Böden.

Pflanzen/Vermehren Pflanzung im Frühjahr oder Herbst; Vermehrung durch Aussaat oder Teilung älterer Pflanzen im Frühjahr.

Pflege Anspruchslos; bei Trockenheit wässern; bodennaher Rückschnitt im Herbst; zur Verjüngung alle paar Jahre teilen und neu verpflanzen; regelmäßige Kompostgaben.

Verwendung Die reizvolle Pflanze ist vielseitig einsetzbar, ob auf Beeten, Rabatten, an Terrassen, Böschungen, in Stein- und Heidegärten oder auch in der Nähe eines Teiches. Auf Staudenbeeten mag sie die Gesellschaft sonnenhungriger Pflanzen wie Herbstaster *(Aster novi-belgii)*, Mädchenauge *(Coreopsis)* oder Polsterphlox *(Phlox subulata)* – auch Gräser, wie der Blauschwingel *(Festuca cinerea)*, harmonieren sehr gut. Für die Vase sollte man die dankbare Schnittblume schneiden, wenn die Spitze erblüht. Gute Bienen- und Schmetterlingsweide.

TIPP *Interessante Sorten sind der kleine, 40 cm hohe, lilaviolett blühende* 'Kobold' *oder auch der 90 cm hohe* 'Picador' *mit purpurroten Blüten.*

Ligularia dentata
syn. L. clivorum

Familie Korbblütengewächse *(Asteraceae)*

Herkunft China, Japan

Wuchs Dicht, breit buschig; 80–150 cm hoch; große, rundliche oder nierenförmige, derbe braungrüne Blätter mit gezähntem Blattrand; relativ lange Blattstiele; Sorten auch rotlaubig.

Blütezeit/Blüte Juli – September. Zahlreiche, ca. 8 cm große, gestielte Blütenköpfe in großen Doldenrispen an langen dicken, gelbbraunen, verzweigten Stängeln; lange sattgelbe, sternförmig erblühende Zungenblüten, braune Scheibenblütchen.

Standort Bevorzugt halbschattig in feuchten bis nassen, nährstoffreichen, lehmig-humosen Böden.

Pflanzen/Vermehren Pflanzung im Frühjahr oder Herbst; Vermehrung durch Teilung oder Aussaat.

Pflege Anspruchslos, lediglich bei Trockenheit regelmäßig wässern; auf Schnecken achten.

Verwendung Die imposante Staude, deren Laub mindestens so dekorativ wirkt wie ihre Blütenstände, überzeugt sowohl als Solitär als auch in Gesellschaft anderer hoch wachsender Stauden wie Rittersporn *(Delphinium)*, Hohe Bartiris *(Iris-Barbata-Eliator)* oder Taglilie *(Hemerocallis)*. Typische Pflanzbereiche sind Beete, Gehölzrand, Teichufer oder auch im Rasen. Die gelben Blüten sind ein guter Futterplatz für viele Insekten.

TIPP

Die ebenso beeindruckende Verwandte, **Ligularia stenocephala**, *liebt den feuchten Teichrand und wird bis zu 120 cm hoch. Ihre von Juli bis August erscheinenden, gelben Blüten stehen in dichten, weich behaarten schlanken Trauben auf langen, braunvioletten kräftigen Stängeln. Außerhalb der Blütezeit zieren sie große, herz- bis pfeilförmige, scharf gezähnte Blätter.*

Linum perenne

Familie Leingewächse *(Linaceae)*

Herkunft Mittelmeerraum

Wuchs Vieltriebiger Wurzelstock; etwas horstartig, 30–60 cm hoch; dichte, linealische bis lanzettliche, grasartige, graugrüne Blätter an zarten, schlanken Stängeln.

Ausdauernder Lein, Staudenflachs

Blütezeit/Blüte Mai – August. Leuchtend hellblaue, endständige, trichterförmige Blüten in lockeren, leicht überhängenden Blütenständen; Einzelblüten nur kurz haltbar, es erscheinen jedoch täglich neue; Sorten auch in Gelb oder Weiß.

Standort Vollsonnig, warm in durchlässigen, eher trockenen, nährstoffreichen, kalkhaltigen Böden.

Pflanzen/Vermehren Pflanzung und Aussaat im Frühjahr; Vermehrung durch Teilung vor der Blüte, nach der Blüte Stecklinge schneiden, versamt sich auch gut selbst.

Pflege Anspruchslos; bei lang anhaltender Trockenheit wässern; Rückschnitt nach der Blüte verlängert die Lebenszeit; eventuell Winterschutz.

Verwendung Die anspruchslose, zarte Pflanze ist nicht nur in Steingärten, sondern auch auf sonnigen bis etwas halbschattigen Beeten ein schöner Anblick. Sie kann auf Mauerkronen, in Steinfugen, auf Kiesflächen oder in Verbindung mit Stufen und Platten gepflanzt werden. Blühfreudige Begleiter sind Sonnenröschen *(Helianthemum),* Fingerkraut *(Potentilla),* Goldgarbe *(Alchemilla filipendula),* Steinbrech *(Saxifraga),* Katzenpfötchen *(Antennaria dioica),* Steinkraut *(Alyssum)* und kleinwüchsige Ziergräser.

INFO

Der Staudenlein – ein naher Verwandter der Nutzpflanze Lein (Flachs) – steht an seinen Wildstandorten unter Naturschutz.

Lupinus-Polyphyllus-Russells-Hybriden

Familie Schmetterlingsblütengewächse *(Fabaceae)*

Herkunft Nordamerika; zahlreiche Gartenhybridformen

Wuchs Buschig, horstartig, 100–150 cm hoch, lange Pfahlwurzel; handförmig geteilte, lanzettliche, blaugrüne Blätter, unterseits silbrig behaart.

Blütezeit/Blüte Mai – Juli, September – Oktober. Üppige, kerzenartige Blütenstände aus in Quirlen etagenweise angeordneten intensiv blauen, weißen oder rosafarbenen Schmetterlingsblüten; Hybridformen auch in den Farben Rot, Violett, Gelb, Orange, auch zweifarbig.

Standort Sonnig bis halbschattig, windgeschützt; durchlässiger, mäßig trockener bis frischer, eher magerer, leicht saurer Boden, auch lehmhaltig.

Pflanzen/Vermehren Pflanzung im Frühjahr; Vermehrung im Frühjahr durch Grundstecklinge, bei der Art sowie einigen Sorten Aussaat möglich.

Pflege Verblühtes entfernen, kräftiger Rückschnitt nach der ersten Blüte fördert die Nachblüte, mäßig düngen; die etwas brüchigen Stängel eventuell stützen.

Verwendung Die prächtigen Blütenkerzen sind von Frühsommer bis Herbst auffälliger Blickfang in Beeten und Rabatten, im Bauerngarten oder vor dem Gehölzrand. Besonders schön wirken sie in Gruppen gepflanzt. Ebenbürtige Partner wären Hohe Bartiris *(Iris Barbata-Elatior)*, Bauernpfingstrose *(Paeonia officinalis)*, Margeriten *(Leucanthemum maximum)*, Türkischer Mohn *(Papaver orientale)* oder auch Ziergräser. Gute Schnittblume, für die Vase abschneiden, sobald fast alle Blüten geöffnet sind. Hummel- und Schmetterlingspflanze.

...Staudenlupine

INFO

Lupinen enthalten Giftstoffe, insbesondere in ihren Samen. Die meisten Lupinenarten vermögen als Stickstoffsammler entscheidend den Boden zu verbessern.

Luzula nivea

Familie Binsengewächse *(Juncaceae)*

Herkunft Süd- und Mitteleuropa, Waldgebiete

Wuchs Immergrünes Gras, breit, locker buschig in Horsten wachsend, 40–60 cm hoch und etwa genauso breit, lange Ausläufer bildend; flache, schmale linealische Blätter, am Rand mit silbrigen, seidigen Haaren besetzt, die Spitze ist zuweilen eingerollt.

...Schneemarbel, Schneehainsimse

Blütezeit/Blüte Juni – August. Kleine, cremeweiße Blütchen, gebüschelt in dichten, aufrechten doldenrispigen Blütenständen auf langen, das Gras deutlich überragenden drahtigen Stängeln.

Standort Halbschattig oder im lichten Schatten in durchlässigem, frischem bis feuchtem und gut humosem Boden.

Pflanzen/Vermehren Pflanzung im Herbst oder Frühjahr; Vermehrung durch Teilung des Wurzelstocks im Frühling, auch Aussaat möglich.

Pflege Forsthart und pflegeleicht; bei Trockenheit auf ausreichende Wasserversorgung achten; im Frühjahr oder Herbst mit Kompost versorgen, eventuell mulchen.

Verwendung Ihren natürlichen Standorten entsprechend, nämlich Mooren und Sümpfen, fühlt sich die grazile Schneemarbel am Gehölzrand, im lichten Gehölzschatten oder auf leicht beschatteten Staudenbeeten und Steingartenplätzen am wohlsten. In Gruppen gepflanzt harmoniert sie mit Fingerhut *(Digitalis)*, Goldkolben *(Ligularia stenocephala)*, Kaukasusvergissmeinnicht *(Brunnera macrophylla)*, Indianernessel *(Monarda)*, Frauenmantel *(Alchemilla mollis)* oder anderen Ziergräsern und Farnen.

TIPP *Die grazilen Blütenstiele eignen sich für Trockensträuße.*

Lychnis chalcedonica

Familie Nelkengewächse *(Caryophyllaceae)*

Herkunft Europa, Nordasien

Wuchs Straff aufrecht, 80–100 cm hoch; zugespitzt eiförmige, am Grund herzförmige, mittelgrüne behaarte Blätter.

Blütezeit/Blüte Juni – August. Endständige, dichte, schirmförmige Trugdolden aus feurig zinnoberroten, gekerbten, fünfzähligen Sternblüten an langen, aufrechten behaarten Stängeln; Sorten ebenfalls in Weiß, Rosa oder Karminrot, auch gefüllt.

Standort Sonnig bis absonnig; frischer, lehmig-humoser, nährstoffreicher Boden.

Pflanzen/Vermehren Pflanzung im Herbst oder Frühjahr; Vermehrung durch Teilung vor oder nach der Blüte, die reine Art auch durch Aussaat.

Pflege Anspruchslos, bei länger anhaltender Trockenheit gießen; handbreit bodennaher Rückschnitt nach der Blüte mit einer Kompostgabe ermöglicht eine Nachblüte im Herbst; generell Rückschnitt im Herbst; standorttreu.

Verwendung Die feurig rot blühende und sonnenhungrige Chalzedonische Lichtnelke ist eine altbewährte Bauerngartenstaude, wird allerdings genauso gerne in Beete und Rabatten gepflanzt. Wunderschöne und farbenprächtige Kombinationen lassen sich mit Rittersporn *(Delphinium)*, Goldgarbe *(Achillea filipendula)*, Nachtkerze *(Oenothera tetragona)*, Sommermargerite *(Leucanthemum maximum)* oder auch Lavendel *(Lavandula)*, Salbei *(Salvia)* und Katzenminze *(Nepeta × faassenii)* gestalten. Gute Schnittblume.

TIPP

Kleinere Arten wie z. B. die rosarot blühende Alpenpechnelke **(Lychnis alpina)** *sind für den Steingarten geeignet.*

Lysimachia nummularia

Familie Primelgewächse *(Primulaceae)*

Herkunft Türkei, Kaukasus

Wuchs Niederliegend, schnell immergrüne Polster bildend, bis 5 cm hoch, mit langen, wurzelnden Ausläufern; rundliche bis eiförmige, „pfennigförmige", gegenständige, glänzendgrüne Blätter an 10–50 cm langen Stängeln.

...Pfennigkraut, Münzkraut

Blütezeit/Blüte Mai – Juli. Zahlreiche kleine, leuchtend sattgelbe Schalenblüten, die in den Blattachseln auf kurzen Stielen erscheinen.

Standort Bevorzugt halbschattig in frischem bis gut feuchtem, nährstoffreichem Boden.

Pflanzen/Vermehren Pflanzung im Herbst oder Frühjahr; Vermehrung durch Teilung und Abtrennen der Ausläufer, eventuell durch Aushacken begrenzen.

Pflege Robust und anspruchslos; in Trockenperioden gießen; im Frühjahr mit Kompost überstreuen.

Verwendung Den nützlichen und bei optimalen Standorten kräftig wuchernden Bodendecker pflanzt man vorzugsweise vor oder unter Gehölzen, im Uferzonen- und Randbereich von Teichen oder Bachläufen. Das Pfennigkraut erweist sich als frosthart und relativ unempfindlich selbst gegenüber leichtem Tritt. Geeignete Partner wären Wiesenknöterich *(Bistorta affinis)*, Sumpfvergissmeinnicht *(Myosotis palustris)*, Kriechender Günsel *(Ajuga reptans)*, Bergenie *(Bergenia)*, Funkien *(Hosta)* oder auch kleinere Ziergräser.

TIPP

Die Sorte 'Aurea' *ist eine hübsche grüngelblich blühende Variante von* Lysimachia nummularia. *Alle Arten des Pfennigkrauts werden übrigens auf Grund ihrer Anspruchslosigkeit und goldenen Färbung gerne zur Bepflanzung von Aquarien genutzt.*

Lysimachia punctata

Familie Primelgewächse *(Primulaceae)*

Herkunft Süd- und Osteuropa

Wuchs Aufrecht, dicht buschig, 60–100 cm hoch; stark Ausläufer bildend; eiförmige bis breit-lanzettliche mittelgrüne Blätter in Quirlen.

Blütezeit/Blüte Juni – August. Goldgelbe, sternförmige, aus den Blattachseln an kräftigen, kantigen behaarten Stängeln in quirligen Etagen erscheinende zart duftende gelbe Blüten.

Standort Sonnig bis halbschattig in feuchtem bis nassem, kräftigem auch lehmhaltigem Boden, gern am Gewässerrand.

Pflanzen/Vermehren Pflanzung im Herbst oder Frühjahr; Vermehrung durch Teilung oder Wurzelschnittlinge im Frühjahr; auch Aussaat möglich.

Pflege Anspruchslos und frosthart, nur bei sonnigem Stand oder längerer Trockenperiode gut wässern; Rückschnitt im Frühjahr; eventuell durch Aushacken begrenzen.

Verwendung Seinem Wildstaudencharakter entsprechend pflanzt man den Goldfelberich gerne in Bauern- und naturnahen Gärten am Teich- oder Gehölzrand. Die gute Insekten- und Bienenweide harmoniert bestens mit Blutweidereich *(Lythrum salicaria)*, Mädesüß *(Filipendula rubra)*, Ehrenpreis *(Veronica)*, Storchschnabel *(Geranium)*, Eisenhut *(Aconitum)*, Funkie *(Hosta)* oder Ziest *(Stachys macrantha)*.

...Goldfelberich, Gilbfelberich, Tüpfelstern

TIPP

Eine interessante Variation stellt der reinweiß blühende Schneefelberich (**Lysimachia clethroides**) *mit seinen dichten, leicht überhängenden Blütenähren dar. Der Ostasiate blüht bis weit in den September, mag ebenfalls feuchtes Milieu, benötigt im Winter allerdings etwas Schutz.*

Lythrum salicaria

Familie Weiderichgewächse *(Lythraceae)*

Herkunft Europa, Asien, Nordafrika

Wuchs Buschig aufrecht, 60–150 cm hoch; holziger, knotiger Wurzelstock; vierkantige, behaarte Stängel mit bis zu 7 cm langen weidenähnlichen Blättern.

...Blutweiderich

Blütezeit/Blüte Juli – September. Rosarote bis satt-rotviolette kleine Blüten mit verschieden langen Staubblättern in auffälligen Ähren.

Standort Sonnig bis halbschattig, keine Mittagssonne; feuchter, nährstoff- und humusreicher Boden, auch Nässe sowie Wassertiefen bis zu 20 cm möglich, sogar kurze Trockenheit.

Pflanzen/Vermehren Pflanzung im Herbst oder Frühjahr; Vermehrung über Kopfstecklinge im Frühjahr oder Teilung im Herbst; bei der Art auch Aussaat möglich.

Pflege Robust, völlig winterhart, solange ausreichend Feuchtigkeit vorhanden; Rückschnitt nach der Hauptblüte fördert eine weitere im Herbst; bei nachlassender Blüte im Februar bodennaher Rückschnitt.

Verwendung Die äußerst attraktive und eifrig blühende heimische Wildstaude eignet sich einzeln oder in Gruppen für die Pflanzung am Gewässerrand als auch im Wasser selbst sowie für feuchte Naturgarten- und Gehölzrandbereiche. Schöne Kontraste erzielt man mit gelb blühenden Partnern wie Goldfelberich *(Lysimachia punctata)*, Sumpfschwertlilie *(Iris pseudacorus)* oder Goldwolfsmilch *(Euphorbia polychroma)*. Die Blüten dienen Schmetterlingen und Bienen als ergiebige Nahrungsquelle.

TIPP

Für kleinere Teiche empfehlen sich Sorten des rosa blühenden Rutenweiderichs (Lythrum virgatum), *die nur 60 cm hoch werden.*

Meconopsis betonicifolia

Familie Mohngewächse *(Papaveraceae)*

Herkunft Tibet, Himalaya

Wuchs Locker horstartig, 80–120 cm hoch, sortenabhängig; behaarte, elliptische Blätter in grundständiger Rosette.

Blütezeit/Blüte Juni – August. 5–10 cm große, azurblaue knittrige, duftende mohnähnliche Schalenblüten mit goldgelben Staubblättern, endständig auf hohen, beblätterten Stängeln; blüht erst im zweiten Jahr.

Standort Halbschatten, bevorzugt lichter Schatten; kühl und luftfeucht sowie windgeschützt in gut durchlässigem, frischem, humosem, nährstoffreichem, leicht saurem Boden; im Winter eher trockener Boden wichtig.

Pflanzen/Vermehren Pflanzung im Frühjahr; Vermehrung durch Teilung nach der Blüte oder durch Aussaat im Herbst (Kaltkeimer).

Pflege Anspruchsvoll, oft nur kurzlebig; im Frühjahr mit Kompost versorgen; während der Wachstumszeit auf gleichmäßige Bodenfeuchtigkeit achten; Verblühtes entfernen; Winterschutz aus Kompost erforderlich.

Verwendung Die attraktive Leitstaude mit dem für viele Gartenfreunde schönsten Blau des Pflanzenreichs fühlt sich als Waldpflanze verständlicherweise am Gehölzrand am behaglichsten. Der etwas heikle Scheinmohn lässt sich gut mit Farnen, Gräsern, Funkie *(Hosta)*, Elfenblume *(Epimedium rubrum)*, Silberkerze *(Cimicifuga)* oder auch Rhododendren und Azaleen kombinieren.

INFO

*Um einiges robuster ist der in Westeuropa heimische Waldscheinmohn (***Meconopsis cambrica***), der 30–40 cm hoch wird und ab Mitte des Frühjahrs bis in den Herbst hinein hellgelbe bis orangefarbene Blüten zeigt. Achtung: Alle Arten enthalten Giftstoffe.*

Melica nutans

Familie Süßgräser *(Gramineae)*

Herkunft Europa, Laub- und Nadelmischwälder der gemäßigten Regionen

Wuchs Lockere rasenartige Horste, 30–60 cm hoch, Ausläufer bildend; schmale, mittelgrüne, aufrechte raue Blätter.

...Nickendes Perlgras

Blütezeit/Blüte Mai – August. Rosafarbene bis hellviolette, überhängende Blütenstände in lockerer Traube oder Rispe – bis zu 18 cm lang – mit nickenden Ährchen, oben gerundete Hüllspelzen.

Standort Sonnig bis halbschattig in eher trockenen bis frischen, nährstoffreichen, humosen Böden; tiefer Schatten wird nicht vertragen.

Pflanzen/Vermehren Pflanzung bevorzugt im Frühjahr; Vermehrung durch Aussaat im Herbst.

Pflege Anspruchslos; ältere Horste durch Teilung verjüngen.

Verwendung Seinem natürlichen Standort entsprechend pflanzt man das elegante und frostharte Perlgras gerne im lichten Schatten vor, unter oder zwischen Gehölzen bzw. am absonnigen Gehölzrand. Durch seine Ausläufer ist es flächendeckend, beispielsweise in Gruppen gepflanzt, zur Hangbefestigung gut geeignet. Munter farbenfroh blühenden Stauden ist es ein aparter Begleiter, dem man ab und an seine Grenzen durch Aushacken zeigen muss. Die zierlichen Blütenstände eignen sich zudem für den Vasenschnitt.

TIPP

Die Art Melica uniflora *bildet lockere etwa 60 cm hohe Horste aus grünen, behaarten Blättern und ist wild von Europa bis Kleinasien verbreitet. Die frostresistente Sorte* 'Variegata' *bleibt mit 40 cm etwas niedriger und besitzt attraktiv weißbunt gestreifte Blätter.*

Miscanthus sinensis

Familie Süßgräser *(Gramineae)*

Herkunft Ostasien

Wuchs Dichte, breitwüchsige, aufrechte Horste, 100–200 cm, zur Blüte bis 250 cm hoch; schmale, schilfartige etwa 100 cm lange Blätter mit weißer Mittelrippe, sortenabhängige Farben in Blaugrün, Rotbraun, dazu gestreift oder gefleckt; meist hübsche, hell-goldgelbe bis rötliche Herbstfärbungen.

Blütezeit/Blüte August – Oktober. Flaumig wirkende Blütenähren in bis zu 30 cm langen Rispen in silberfarbenen, cremeweißen, hellbraunen Farbtönen, lilagrau überlaufen.

Standort Sonnig, warm und möglichst mit hoher Luftfeuchtigkeit (z. B. Teichnähe); frischer bis feuchter, durchlässiger, nährstoffreicher Boden.

Pflanzen/Vermehren Pflanzung im Frühjahr; Vermehrung durch Teilung größerer Horste ebenfalls im Frühjahr.

Pflege Relativ anspruchsvoll; stets auf ausreichend Feuchtigkeit achten; im Frühjahr eine Kompostgabe; in rauen Lagen für Winterschutz im Wurzelbereich sorgen, Halme und Wedel zusammenbinden; im Frühjahr bodennaher Rückschnitt der alten Halme.

Verwendung Das imposante Chinaschilf ist ein eindrucksvoller Blickfang und setzt als Solitär im Rasen oder als Leitpflanze an Wegen, in Wassernähe oder vor Gebäuden effektvolle Akzente. Selbst im Winter beeindrucken noch die mit Raureif überzogenen Halmbüschel. Das schilfartige Gras eignet sich als Schnittgrün und die Blütenrispen für dekorative Trockensträuße.

TIPP

Bewährte Sorten sind z. B. die 200 cm hoch wachsende **'Silberfeder'***, die im Spätsommer mit einem silberfarbenen federartigen Blütenstand aufwartet, der bis in den Winter hält; die 150 cm hoch wachsende* **'Strictus'** *wirbt mit quer gelb gestreiften steifen, aufrechten Blättern;* **'Gracillimus'** *mit schmalen, leicht überhängenden Blättern mit silbrigem Mittelstreifen.*

Molinia arundinaceae

Familie Süßgräser *(Gramineae)*

Herkunft Europa, Asien

Wuchs Straff aufrechte Horste, knapp 100 cm hoch und fast ebenso breit; zur Blütezeit bis 250 cm hoch; sommergrüne lange, schmale, frischgrüne überhängende Blätter, die sich im Herbst goldgelb färben.

Riesenpfeifengras

Blütezeit/Blüte September – Oktober. Filigrane, zart violettfarbene Ährchen mit Haarbüscheln in sehr großen, schmalen Ähren auf langen, knotenfreien aufrechten Halmen, deutlich über die Blätter hinausragend.

Standort Sonnig bis halbschattig in jeder guten, eher feuchten Gartenerde.

Pflanzen/Vermehren Bevorzugt im Frühjahr; Vermehrung durch Teilung im Frühjahr oder Frühherbst.

Pflege Anspruchslos, bei längeren Trockenzeiten aber auf ausreichende Wasserversorgung achten.

Verwendung Das winterharte Gras eignet sich als attraktiver Solitär zur Einzelstellung im Rasen, vor Gehölzen, am Gewässerrand, in naturnahen Gartenbereichen oder auch im Beet, braucht zur Entfaltung allerdings eine Menge Platz. Besonders hübsch wirkt seine goldbraune Herbstfärbung. Die duftigen Ähren eignen sich gut für den Trockenstrauß.

TIPP *Wessen Garten nicht über die ausreichenden Maße verfügt, sollte sich für das kleinere Pfeifengras oder Besenried* (Molinia caerulea) *entscheiden. Es erreicht eine Höhe von 30–60 cm, zur Blütezeit bis 100 cm. Seine schmalen blaugrünen Blätter färben sich im Herbst rötlich, im Sommer zieren es kleine violette bis purpurfarbene Ähren an langen straffen Halmen.*

Monarda-Hybriden

Familie Lippenblütengewächse *(Lamiaceae)*

Herkunft Wildformen aus Nordamerika

Wuchs Langlebige, buschige Staude mit unverzweigten, vierkantigen Stängeln, von unten her leicht verkahlend, 80–150 cm hoch, Ausläufer bildend; behaarte, lanzettliche, gesägte Blätter.

Blütezeit/Blüte Juni – September, sortenabhängig. Reichlich duftende Lippenblüten in dichten Quirlen, je nach Sorte Rot, Purpurn, Violett, Rosa oder Weiß; die reine Art mit zartem Bergamottaroma.

Standort Vollsonnig bis lichter Schatten; frischer bis feuchter, humoser, nährstoffreicher Boden; im Halbschatten auch auf trockeneren Böden, dann mit geringerem Blütenflor.

Pflanzen/Vermehren Pflanzung im Frühjahr; Vermehrung durch Teilung älterer Pflanzen im Frühjahr oder Herbst; einige Sorten auch durch Aussaat.

Pflege Bei Trockenheit gut wässern; im Frühjahr mit Kompost düngen; bei nachlassender Blühfreudigkeit durch Teilung verjüngen; Winterschutz per Laubschütte.

Verwendung In Beeten und Rabatten, am Gehölz- wie auch am Teichrand wird die *Monarda* wegen ihrer langanhaltenden Blütenpracht sehr geschätzt. Effektvolle Kombinationen ergeben sich mit Astilben *(Astilbe)*, Ehrenpeis *(Veronica)*, Sonnenhut *(Rudbeckia)*, Goldrute *(Solidago)*, Bartiris *(Iris barbata)*, Skabiose *(Scabiosa)* oder hohen Gräsern. Gute Bienen- und Schmetterlingsweide.

...Indianernessel

INFO

Im Garten findet man hauptsächlich die opulenten Gartenhybriden. Reine Arten wie die Scharlach-Monarde oder Goldmelisse (**Monarda didyma**)*, auch als Tee- und Heilpflanze nutzbar, werden kaum kultiviert.*

Myosotis palustris

Familie Borretschgewächse *(Boraginaceae)*

Herkunft Mitteleuropa

Wuchs Ausdauernd, dicht buschig, etwa 30 cm hoch; schmale, behaarte grüne Blätter.

Sumpfvergissmeinnicht

Blütezeit/Blüte Mai – September. Zarte, azurblaue bis tiefblaue kleine Schalenblütchen mit gelbweißen Hohlschuppen, zu mehreren in dichten Trauben; volle Blüte nur an feuchten Standorten garantiert.

Standort Halbschattig, auch sonnig, in vorzugsweise feuchten, fast sumpfigen Böden.

Pflanzen/Vermehren Pflanzung im Frühjahr, Aussaat im Spätsommer; Vermehrung durch Teilung oder Ausläufer; versamt sich sehr gut selbst.

Pflege Anspruchslos; bei Trockenperioden ausgiebig wässern, auch im Winter; bei starkem Frost Winterschutz aus einer Laubschütte oder Reisig nötig; Rückschnitt nach der Blüte fördert eine zweite Blüte; bei zu starker Selbstaussaat verblühte Blütenköpfe zeitig abschneiden.

Verwendung Die beste Wirkung erzielt das Sumpfvergissmeinnicht in größeren Gruppen gepflanzt. Seinen Standortansprüchen entsprechend eignet es sich hervorragend zur Pflanzung am Gewässerrand. Hübsche Begleitpflanzen sind Primeln *(Primula)*, Trollblume *(Trollius chinensis)*, Sumpfschwertlilie *(Iris pseudacorus)*, Goldfelberich *(Lysimachia punctata)* sowie Gräser. Es gedeiht auch in Pflanzgefäßen und ist eine gute, wenn auch durstige Schnittblume.

INFO

Ein kleiner Strauß Vergissmeinnicht symbolisiert bis heute die Sehnsucht nach Treue und Beständigkeit.

Nepeta x faassenii

Familie Lippenblütengewächse *(Lamiaceae)*

Herkunft Wildformen aus Südeuropa und Nordafrika

Wuchs Winterharte wüchsige Staude, dicht kompakt bis breit ausladend, 30–50 cm hoch; kleine silbergraue Blätter mit aromatisch herbwürzigem Duft.

Blütezeit/Blüte Mai – Oktober. Reichlich kleine, duftende, lavendel- bis dunkelviolettblaue Lippenblüten in langen, ährenförmigen Blütenständen.

Standort Vollsonnig und warm in trockenem, durchlässigem, eher kargem Boden.

Pflanzen/Vermehren Pflanzung im Frühjahr; Vermehrung durch Teilung oder Kopfstecklinge im Frühsommer, auch durch Aussaat; die reine Art versamt gut selbst.

Pflege Anspruchslos; Verblühtes entfernen, Rückschnitt nach der ersten Hauptblüte; zu große Ausbreitung durch regelmäßiges Stutzen unterbinden; Staunässe vermeiden; nach 3–4 Jahren durch Teilung verjüngen.

Verwendung Der Dauerblüher ist eine gute Bienen-, Hummel- und Schmetterlingsweide und vielseitig einsetzbar: in Gruppen auf Beeten und Rabatten, im Bauerngarten, zur Randbegrünung und Wegbegrenzung oder im Steingarten als Flächendecker. In guter Gesellschaft befindet sich die Katzenminze mit Rosen *(Rosa)*, Fingerkraut *(Potentilla)*, Steinbrech *(Saxifraga)*, Nachtkerze *(Oenothera)* oder Steinkraut *(Alyssum)*.

TIPP

Eine noch stärkere Wirkung auf Katzen als die Zierform Nepeta × faassenii *besitzt die geschützte, europäische Katzenminze* (Nepeta cataria) *mit weißen, rötlich gefleckten Blüten, in der sich die Katzen mit sichtlichem Vergnügen wälzen, die sie fressen und manchmal sogar ausgraben.*

Oenothera tetragona ....
syn. O. fruticosa ssp. glauca

Familie Nachtkerzengewächse *(Oenotheraceae)*

Herkunft Nordamerika, eingebürgert in Europa

Wuchs Winterharte, aufrecht wachsende Staude zwischen 40–80 cm hoch, Pfahlwurzel; rötliche, verzweigte Stängel mit schmal-lanzettlichen, zugespitzten, dunkelgrünen Blättern.

...Hohe Nachtkerze

Blütezeit/Blüte Juni – September. Dekorative Büschel großer – ca. 5 cm – leuchtend goldgelber Blüten mit Vanilleduft, die sich erst am Abend in Minutenschnelle für nur einen Tag öffnen; rotbraune Knospen und Blütenstiele; feine ölhaltige Samen.

Standort Vollsonnig bis halbschattig; durchlässiger, humoser, tiefgründiger Boden.

Pflanzen/Vermehren Pflanzung im Frühjahr oder Herbst; Vermehrung durch Aussaat – bei der reinen Art – oder durch Kopfstecklinge im Frühjahr, auch Teilung im Spätfrühling möglich.

Pflege Pflegeleicht; Staunässe vermeiden; Verblühtes regelmäßig entfernen; dankbar für gelegentliche Kompostgaben; in rauen Lagen mit Winterschutz versehen.

Verwendung Die eifrig blühende Nachtkerze erfreut den gesamten Sommer über einzeln oder in kleinen Gruppen gepflanzt in Beeten und Rabatten, im Bauerngarten oder naturnah gehaltenen Gärten. Gute Partner findet man speziell unter den blau blühenden Pflanzen wie Rittersporn *(Delphinium)*, Feinstrahlastern *(Erigeron)*, Katzenminze *(Nepeta × faassenii)*, Glockenblumen *(Campanula)*, Salbei *(Salvia)* und Kugeldisteln *(Echinops ritro)*.

INFO

Da die Blüten der Nachtkerze sich erst in den Abendstunden öffnen, sind sie eine wichtige Nahrungsquelle für Nachtfalter und andere nachtaktive Insekten.

Omphalodes verna

Familie Borretschgewächse *(Boraginaceae)*

Herkunft Bergwälder Süd- und Südosteuropas

Wuchs Halbimmergrün, buschig, 10–20 cm hoch, teppichähnliche Ausbreitung durch lange Ausläufer; lang gestielte, schmal-herzförmige, mittelgrüne Blätter in Büscheln.

Blütezeit/Blüte März – Mai. Azurblaue, flache Blüten mit weißen Schlundschuppen in lockeren Trauben an langen Trieben verteilt; Sorten auch mit weißen Blüten.

Standort Halbschattig, bei genügend Bodenfeuchtigkeit auch sonnig; humose Gartenerde, bevorzugt frisch und kalkhaltig.

Pflanzen/Vermehren Pflanzung im Herbst oder Frühjahr; Vermehrung durch Teilung vor der Blüte oder Abtrennen von Ausläufern; auch Triebstecklinge möglich.

Pflege Anspruchslos und robust; braucht allerdings stets genügend Bodenfeuchtigkeit, ab und an mit Kompost düngen.

Verwendung Der hübsche frostharte Bodendecker erobert schnell kleinere Flächen, ist als frühjahrsblühende Unterpflanzung für Gehölze und hoch wachsende Stauden, am Gehölzrand und für die im Schatten liegenden Steingartenpartien einsetzbar. Schöne Kompositionen ergeben sich mit Elfenblume *(Epimedium rubrum)*, Tränendem Herz *(Dicentra spectabilis)*, Primeln *(Primula)*, Wiesenraute *(Thalictrum dipterocarpum)*, Golderdbeere *(Waldsteinia geoides)*, Gräsern und Farnen.

...Gedenkemein, Wald-vergissmeinnicht

TIPP

Die weiß blühenden Sorten wie beispielsweise **'Alba'** *breiten sich weniger schnell aus und sind daher eine gute Wahl für kleinere Gärten.*

Osmunda regalis

Familie Königsfarngewächse (*Osmundaceae*)

Herkunft Nordamerika

Königsfarn, Rispenfarn

Wuchs Ausdauernder, sommergrüner Farn mit dicht buschigem Wuchs, 50–200 cm hoch, verfilzendes Wurzelwerk; gleichmäßig doppelt gefiederte Wedel, im Herbst goldgelbe Färbung; Sporenbehälter nur an den inneren Wedeln jeweils im oberen Abschnitt.

Standort Bevorzugt schattig bis halbschattig, bei ausreichend Feuchtigkeit auch sonnig; frischer bis feuchter, humoser, schwach saurer Boden.

Pflanzen/Vermehren Pflanzung vorzugsweise im Frühjahr; Vermehrung durch Sporenaussaat, aber schwierig und langwierig, sonst ältere Horste teilen.

Pflege Anspruchslos; bei Trockenheit wässern; vertrocknete Wedel entfernen.

Verwendung Der stattliche Königsfarn eignet sich als Solitär oder auch in Gruppen gepflanzt am Gehölzrand, setzt interessante Effekte am Gewässerrand sowie im Hintergrund von Schattenbeeten. Gute Partner sind alle Schatten und Feuchtigkeit vertragenden Blütenstauden wie Tränendes Herz *(Dicentra spectabilis)*, Anemonen *(Anemone)*, Schneemarbel *(Luzula nivea)*, Trollblume *(Trollis chinensis)* oder Schlüsselblume *(Primula veris)*. Zauberhafte Kombinationen für die Schattenpartien des Gartens gelingen aber auch mit anderen Farnen, Gräsern oder Funkien *(Hosta)*.

INFO

Der Königsfarn ist giftig und steht an seinen Wildstandorten unter Naturschutz. Gärtnereien bieten mehrere Sorten an, wie beispielsweise den zierlichen Zwergkönigsfarn 'Gracilis'.

Paeonia lactiflora

Familie Pfingstrosengewächse *(Paeoniaceae)*

Herkunft Ostasien, China

Wuchs Sommergrüne, buschige Staude, 50–100 cm hoch; holzige Wurzelstöcke; große, zusammengesetzte Blätter, doppelt dreizählig gefiedert, einige Sorten mit roter Herbstfärbung.

Blütezeit/Blüte Mai – Juni. Kugelige, rosenartige, einfache bis gefüllte Blüten – über 10 cm Durchmesser – in Weiß, Rosa und diversen Rottönen, viele gelbe Staubgefäße; meist duftend.

Standort Sonnig bis lichter Schatten; schwere, lehmhaltige, etwas kalkhaltige Böden; keine Staunässe.

Pflanzen/Vermehren Pflanzung bevorzugt im Frühherbst, zuvor mit Kompost oder organischem Langzeitdünger versorgen; Vermehrung durch Teilung im Herbst – Teilstücke mit mindestens drei Triebknospen, Fadenwurzeln entfernen.

Pflege Ungestört wachsen lassen, ein Umpflanzen wird schlecht vertragen; vor der Blüte ausreichend wässern; im Frühjahr Kompost oder organischen Dünger geben, eventuell nachdüngen; Verblühtes abschneiden; hohe Sorten stützen; junge Pflanzen mit Reisig vor Kälte schützen.

Verwendung Die Pfingstrose entwickelt erst im Laufe der Jahre ihre ganze Schönheit, dann zählt sie aber fraglos zu den Prachtstücken des Gartens. In kleinen Gruppen oder als Solitär bereichert sie Beete, Rabatten, den Gehölzrand und ganz klassisch den Bauerngarten. Langlebige Schnittblume.

...Edelpfingstrose

INFO

Klassische Bauerngartenstaude ist die Bauernpfingstrose (**Paeonia officinalis**), *die ihre Heimat in den Südalpen bis zum Balkan hat. Die auch als Heilpflanze genutzte Schönheit steht an ihren Wildstandorten unter Naturschutz.*

Papaver nudicaule

Familie Mohngewächse *(Papaveraceae)*

Herkunft Arktische Tundrenregionen

...Islandmohn

Wuchs Aufrechte, buschige, frostharte Staude, meistens nur ein- oder zweijährig gezogen, 30–50 cm hoch, Pfahlwurzel; blaugrüne, gefiederte, behaarte Blätter in bodenständiger Rosette.

Blütezeit/Blüte April – September. Duftende, weiße, gelbe, orange- oder rosarotfarbene bis rote Blüten mit knittrigen Kronblättern; 8–10 cm im Durchmesser; zahlreiche gelbe Staubgefäße.

Standort Sonnig auf durchlässigem, sandigem oder steinigem Boden, frisch bis mäßig trocken, gerne kalkhaltig.

Pflanzen/Vermehren Pflanzung im Frühjahr mit etwa 20 cm Abstand; Vermehrung durch Wurzelstecklinge ab dem Spätherbst oder durch Aussaat im Juli – dann frostfrei überwintern – oder Direktaussaat im März, reichliche Vermehrung durch Selbstaussaat (Kaltkeimer).

Pflege Anspruchslos; nicht überdüngen; regelmäßig verblühte Stiele abschneiden, um die Blüte zu verlängern; im Herbst kräftiger Rückschnitt und in rauen Lagen für Winterschutz sorgen.

Verwendung Islandmohn wird gerne im Steingarten, zwischen Gräsern, auf Rabatten und sogar im Trog oder Kübel angepflanzt. Passende Begleiter sind Gräser, Lein *(Linum perenne),* alle Glockenblumen-Arten *(Campanula),* Lupine *(Lupinus)* oder Salbei *(Salvia).* Gute Schnittblume wie auch Bienen- und Schmetterlingsweide.

INFO

Alle Mohnarten sind auf Grund ihrer Pfahlwurzel empfindlich gegen Umpflanzen. Außerdem enthalten sie in ihrem Milchsaft giftige Alkaloide.

Papaver orientale

Familie Mohngewächse *(Papaveraceae)*

Herkunft Vorderasien

Wuchs Aufrechte, horstartig winterharte Schnittstaude, je Sorte 30 bis 100 cm hoch, lange Pfahlwurzel; gefiederte, lanzettliche blaugrüne, silbrig behaarte Blätter; Pflanze zieht nach der Blüte ein und treibt erst im Herbst wieder aus.

Blütezeit/Blüte Mai – Juli. Den nickenden Knospen auf langem Stängel folgen auffällige, schalenförmige Blüten, 10–20 cm im Durchmesser, aus zerknittert wirkenden Blütenblättern; leuchtende Farben von Korallenrot, Rosa, Weiß oder Orange mit meist schwarzer Mitte.

Standort Sonnig; humoser, lockerer, nährstoffreicher Gartenboden; schwere Nässe wird nicht gut vertragen.

Pflanzen/Vermehren Pflanzung im Frühjahr, Abstand 50–60 cm; Vermehrung durch Wurzelstecklinge nach der Blüte bis zum Winter oder auch im Frühjahr, Direktsaat im Frühjahr; samt sich auch selbst aus.

Pflege Bei trockener Witterung zur Blütezeit ausreichend gießen; im Frühjahr mit Kompost versorgen, aber nicht überdüngen; Laub verwelkt nach der Blüte, dann Stängel bodennah abschneiden; auf Schnecken achten.

Verwendung Einzeln oder in kleinen Gruppen bezaubert der Türkische Mohn besonders in Gesellschaft von Rittersporn *(Delphinium)*, Lupine *(Lupinus)* oder Lavendel *(Lavandula)* als Leit- oder Bauergartenstaude. Bereits knospig geschnitten, hält sie als Schnittblume einige Tage.

TIPP

Da die verblühte Staude einzieht und große Lücken hinterlässt, sollte man sie im hinteren Bereich des Beetes pflanzen bzw. genügend Begleitpflanzen einplanen.

Phlox paniculata

Familie Sperrkrautgewächse *(Polemoniaceae)*

Herkunft Nordamerika

Wuchs Üppige aufrechte Horste, dicht buschig, 50–120 cm hoch; eirunde bis lanzettliche kräftig grüne Blätter.

Hoher Staudenphlox, Flammenblume

Blütezeit/Blüte Juni – September. 1–2 cm große, schalenförmige, fünfzählige Blüten in dichtverzweigten Doldentrauben, je nach Sorte in den Farbtönen Rosa, Rot, Violett und Weiß, auch mit andersfarbigem „Auge".

Standort Sonnig bis lichter Schatten; humusreicher, durchlässiger, nährstoffreicher, frischer bis feuchter Boden, auch lehmhaltig.

Pflanzen/Vermehren Pflanzung im Herbst oder Frühjahr, gut 60 cm Abstand, etwas tiefer setzen, als die Pflanzen im Topf standen, aber auch nicht zu tief, sonst keine Blüte; Vermehrung durch Teilung im Frühjahr oder Herbst, durch Stecklinge oder Wurzelschnittlinge; Samen ergeben meist keine sortenechten Nachkommen.

Pflege Bei Trockenheit gießen, keine Staunnässe; Starkzehrer, benötigt Kompost oder organischen Dünger im Frühjahr und vor der Blüte; eventuell stützen und anhäufeln, Verblühtes entfernen; in rauen Regionen leichten Winterschutz geben.

Verwendung Der farbenprächtige Phlox kann einzeln oder in Gruppen auf Beeten und Rabatten und im Bauerngarten gepflanzt werden, wobei unterschiedliche Phlox-Arten gut zusammen passen. Schöne Begleitpflanzen sind besonders solche, die mit blauem oder gelbem Blütenflor aufwarten können wie Katzenminze *(Nepeta × faassenii),* Rittersporn *(Delphinium),* Mädchenauge *(Coreopsis),* Nachtkerze *(Oenothera tetragona)* oder auch Ziergräser.

TIPP

Ein fast bodennaher Rückschnitt nach der Hauptblüte ermöglicht eine Nachblüte im Herbst.

Phlox subulata

Familie Sperrkrautgewächse *(Polemoniaceae)*

Herkunft Nordamerika

Wuchs Immergrüne, dichte Polster bildende Staude, 5–15 cm hoch, über 50 cm breit mit niederliegenden Trieben; schmale, spitze Blättchen.

Blütezeit/Blüte April – Mai. Unzählige, sternförmige, duftende Blüten in verschiedenen Blau-, Violett-, Rot- und Rosatönen, auch in Weiß.

Standort Sonnig und warm; trockener bis frischer Boden, durchlässig, nährstoffreich, auch kalkhaltig.

Pflanzen/Vermehren Pflanzung im Frühjahr oder Herbst; Vermehrung durch Teilung oder Stecklinge im Sommer.

Pflege Ein Rückschnitt nach der Blüte lässt die Pflanzen neu austreiben und ermöglicht eine zweite Blüte im Herbst; Jungpflanzen im Winter mit Reisig schützen; gelegentlich etwas Kompost geben; zu viel Nässe lässt Krankheiten entstehen.

Verwendung Der frostharte Polsterphlox fühlt sich in kleinen und großen Gruppen vor allem im Steingarten oder auf bzw. in der Trockenmauer wohl, eignet sich aber ebenso gut zur Beeteinfassung. Passende Begleiter sind alle anderen Polsterstauden wie Blaukissen *(Aubrieta)*, Steinkraut *(Alyssum)* oder auch Schleifenblume *(Iberis)*, Herbstenzian *(Gentiana sino-ornata)* und Sonneröschen *(Helianthemum)*.

...*Polsterphlox, Moosphlox, Teppichphlox*

TIPP

Alle Phlox-Arten neigen zu Pilzkrankheiten, Stängelälchen oder auch Echtem Mehltau. Bei starkem Befall hilft dann nur, die kranken Pflanzen komplett zu entfernen und die obere Bodenschicht auszuwechseln.

Physalis alkekengi

Familie Nachtschattengewächse *(Solanaceae)*

Herkunft Südeuropa und Japan

Wuchs Wuchernde Staude mit buschigem Wuchs, 60–80 cm hoch, kräftiges Rhizom; schmale, spitz-eiförmige, mittelgrüne Blätter mit leicht gezähntem Rand, wechselständig an aufrechten Stängeln; Blätter sind giftig.

Blütezeit/Blüte Juni – Juli. Unscheinbare weiße Blüten, gefolgt von äußerst dekorativen Fruchtständen; aus dem Blütenkelch entwickelt sich eine leuchtend orangerote Hülle (Lampion), die eine etwa 1 cm große, gelborangefarbene, essbare Beere umschließt.

Standort Sonne oder Halbschatten auf durchlässigem, lockerem, kalkhaltigem Boden.

Pflanzen/Vermehren Pflanzung bevorzugt im Frühjahr, nicht zu dicht; Vermehrung durch Teilung oder Aussaat im Frühjahr oder durch Wurzelschnittlinge im Herbst bzw. Frühjahr, die etwa 3 cm tief in den Boden gelegt werden.

Pflege Etwas frostempfindlich, in rauen Lagen im Winter mit Kompost schützen; im Frühjahr nach Frostende bodennaher Rückschnitt; zu stark wuchernde Pflanzen eingrenzen.

Verwendung Die auffälligen Fruchtstände machen die Lampionblume zu einem äußerst attraktiven Blickfang beispielsweise am sonst blumenarmen Gehölzrand. Passende Begleiter sind hohe Farne und Gräser.

...Lampionblume

TIPP

Die Frucht tragenden Stängel können für Trockensträuße benutzt werden. Dazu werden die Blätter entfernt und die Stängel luftig zum Trocknen aufgehängt.

Physosteqia

Familie Lippenblütengewächse (*Lamiaceae*)

Herkunft Nordamerika

Wuchs Elegante, ausdauernde Staude mit buschig-lockerem Wuchs, 60–90 cm hoch, kräftiges, kriechendes Rhizom; schmale, glänzend grüne Blätter an unverzweigten, aufrechten Stängeln.

Gelenkblume, Etagenerika

Blütezeit/Blüte Juli – September. An der Stängelspitze erscheint ein 20–25 cm langer dichter, ährenähnlicher Blütenstand mit rosafarbenen Lippenblüten, bei Sorten auch purpurn, lavendel oder weiß.

Standort Sonne oder Halbschatten; humoser, nährstoffreicher, frischer Boden, nicht zu trocken.

Pflanzen/Vermehren Pflanzung bevorzugt im Frühjahr mit gut 50 cm Abstand; Vermehrung durch Teilung, Ausläufer, Kopfstecklinge sowie Aussaat (Kaltkeimer).

Pflege Bei Trockenheit ausreichend gießen, kalte Nässe wird nicht gut vertragen; im Frühjahr Kompost geben; bodennaher Rückschnitt im Herbst; alle 1–2 Jahre die Stöcke teilen, um die Blühfülle zu erhalten; in kalten Wintern mit Laubschütte schützen.

Verwendung Einzeln oder in kleinen Gruppen bezaubert die Gelenkblume in Gesellschaft von Gräsern, Königskerze *(Verbascum)*, Goldgarbe *(Achillea filipendula)*, Ziest *(Stachys)* oder Glattblattaster *(Aster novi-belgii)*. Bevorzugte Pflanzorte sind Beete, Rabatten oder auch der Gewässerrand. Gelenkblumen stellen dankbare und haltbare Schnittblumen, die bis zur letzten Knospe aufblühen.

INFO

Den deutschen Namen verdankt die bemerkenswerte Pflanze der Tatsache, dass sich ihre Einzelblüten in alle Richtungen drehen lassen, ohne abzubrechen, ganz so, als ob sie in einem Gelenk sitzen würden.

Polygonatum multiflorum

Familie Maiglöckchengewächse *(Convallariaceae)*

Herkunft Europa, Asien

Wuchs Eintriebige Wald- und Schattenstaude, lockere Horste bildend, 50–60 cm hoch; weißes, kriechendes, kräftiges Rhizom; große schlanke, längs geaderte Blätter – ähneln denen der Maiglöckchen – am bogig überhängenden Stängel aufgereiht.

Blütezeit/Blüte Mai – Juni. An den Blattansatzstellen je 3–5 an Glöckchen erinnernde röhrenförmige, cremeweiße, an den Spitzen grüne, herabhängende Blüten; blauschwarze Beerenfrüchte.

Standort Bevorzugt halbschattig, im vollen Schatten weniger Blüten; frischer, humoser, leicht kalkhaltiger Boden, kommt auch mit lehmigen Böden zurecht.

Pflanzen/Vermehren Pflanzung im Herbst oder auch im Frühjahr, dann mit Kompost den Start erleichtern; Vermehrung durch Teilung nach der Blüte, durch Rhizomschnittlinge oder durch Aussaat im Herbst (Kaltkeimer).

Pflege Anspruchslos und frostfest; im Herbst bodennaher Rückschnitt.
Verwendung Das Salomonssiegel, auch Weißwurz genannt, ist ein reizvoll eleganter Blüten- und Fruchtschmuck für den Gehölzrand, eignet sich für Vor- oder Unterpflanzung, für Waldstaudenbeete sowie für die Feuchtzonen von Teichen. Besonders hübsch wirkt die Pflanze in größeren Gruppen oder auch mit Partnern wie Farnen, Gräsern, Astilben *(Astilbe)*, Glockenblumen *(Campanula)*, Anemonen *(Anemone)* oder Purpurglöckchen *(Heuchera)*.

....*Vielblütiges Salomonssiegel*

INFO

Alle Teile dieser Pflanze enthalten Giftstoffe.

Polypodium vulgare

Familie Tüpfelfarngewächse *(Polypodiaceae)*

Herkunft Nördliche Erdhalbkugel

....Gemeiner Tüpfelfarn, Engelsüß

Wuchs Ausdauernder, wintergrüner Farn; dickes, kriechendes Rhizom; etwa 30–40 cm lange gestielte, dreieckige, fein gefiederte, ledrige, sattgrüne Wedel in lockerer, flacher Rosette, in der Jugend an der Spitze eingerollt; auf den Wedelunterseiten runde, gelbliche Sporenhaufen (Tüpfel) in regelmäßigen Reihen.

Standort Schattig bis halbschattig; luftfeucht und kühl; frischer durchlässiger, schwach saurer Boden.

Pflanzen/Vermehren Pflanzung am besten im Frühjahr, als Epiphyten zu Beginn mit Draht befestigen; Vermehrung durch Teilung der Rhizome, die reine Art auch durch Sporenaussaat.

Pflege Gleichmäßige Bodenfeuchtigkeit sichern, ansonsten pflegeleicht; im Frühjahr etwas Kompost geben; vor direkter Sonneneinstrahlung schützen, im Winter ausreichend Laub als Schutz um die Pflanze schichten.

Verwendung Der heimische Engelsüß wächst entweder auf dem Boden oder als Epiphyt auf Bäumen. Diesen Vorlieben folgend, lassen sich mit Tüpfelfarnen auch Mauerspalten, Felsfugen, Trockenmauern begrünen. In Gemeinschaft mit Elfenblume *(Epimedium rubrum),* Fingerhut *(Digitalis)* oder Salomonssiegel *(Polygonatum biflorum)* setzen sie attraktive Akzente im Schattengarten.

TIPP

Die Sorten 'Bifidum' *und* 'Cristatum' *können auch in Töpfen gezogen werden, vorausgesetzt man sorgt für hohe Luftfeuchtigkeit. Als Erde verwendet man eine Mischung aus einem Teil Gartenerde, zwei Teilen Lauberde und einem Teil Sand.*

Polystichum setiferum

Familie Tüpfelfarngewächse *(Polypodiaceae)*

Herkunft Europa

Wuchs Wintergrün; dichte filigrane Wedel bildender Farn, 50–100 cm hoch; glänzende, frisch moosgrüne, doppelt gefiederte Wedel, bis gut 100 cm lang; Fiederchen deutlich gestielt, bis 1 cm lang und mit Grannen versehen; Stiele und Mittelrippen mit dichten braunen Spreuschuppen besetzt, Sporenbehälter klein.

Standort Schattig bis halbschattig, gerne lichter Schatten; luftfeucht und kühl; frischer bis feuchter, humoser, schwach saurer Boden.

Pflanzen/Vermehren Pflanzung am besten im Frühjahr, Rhizome dabei senkrecht in den Boden setzen; selbstständige Vermehrung per Brutknospen an den Wedelspitzen, die im Herbst abfallen und Jungpflanzen entwickeln, oder durch Sporen im Sommer; aus den Brutknospen können Jungpflanzen gezogen werden, im Frühjahr auch eine vorsichtige Teilung der Rhizome möglich.

Pflege Gleichmäßige Bodenfeuchtigkeit sichern, ansonsten pflegeleicht; alle 3–4 Jahre im Frühjahr etwas Kompost geben; eventuell Laubschicht als Winterschutz; vor direkter Sonneneinstrahlung schützen.

Verwendung Farne sind die Spezialisten für die schattigen Partien im Garten. In Gruppen am Gehölzrand, unter eingewachsenen Gehölzen, im Steingarten, in Beeten oder auch als Solitär wirken sie in erster Linie durch ihre Wuchsform. Reizvolle Gestaltungsmöglichkeiten ergeben sich aus Kombinationen mit Gräsern wie Blauschwingel *(Festuca)* oder Schneemarbel *(Luzula nivea)*.

....Weicher Schildfarn, Borstiger Schildfarn

TIPP

'Proliferum Plumosum Densum', *der 40 cm hohe Flaumfarn, auch Filigranfeder genannt, gefällt mit seinen fein und dicht gefiederten dunkelgrünen Wedeln. Diese beliebte Sorte ist zudem sehr winterhart.*

Potentilla

Familie Rosengewächse *(Rosaceae)*

Herkunft Bergregionen Mittel- und Südeuropas

Wuchs Mattenartig bis Rasen bildend, schließt schnell kleinere Flächen, je Sorte 20–40 cm hoch; typisch und namengebend ist die aus fünf kleinen Blättchen zusammengesetzte fingerartige Belaubung.

Fingerkraut

Blütezeit/Blüte April – August, artenabhängig. Üppige Büschel von leuchtend gelben, erdbeerähnlichen Schalenblüten, auch in warmen Rottönen, Rosa oder Weiß.

Standort Sonnig bis absonnig in frühjahrsfeuchtem und sommertrockenem, durchlässigem, gerne kalkhaltigem Lehmboden; die Arten Goldfingerkraut *(P. aurea)* und Hohes Fingerkraut *(P. erecta)* benötigen kalkfreie Böden.

Pflanzen/Vermehren Pflanzung bevorzugt im Frühjahr; Vermehrung im Frühjahr durch Teilung, auch Aussaat im Herbst möglich.

Pflege Robust und anspruchslos; Rückschnitt im Herbst, eventuell mit Kompost düngen; in rauen lagen Winterschutz nötig.

Verwendung Die winterharten, ausgesprochen schmucken Kleinstauden pflanzt man bevorzugt in Stein- und Naturgärten, vor Gehölzen und an Terrassen. Schöne Begleitpflanzen für die in aller Regel in Gelb- bis Orangetönen schwelgenden Fingerkraut-Arten sind die blaue Dalmatinerglockenblume *(Campanula portenschlagia)*, die violette Küchenschelle *(Pulsatilla vulgaris)* und die ebenfalls blau blühenden Staudenlein *(Linum perenne)*, Katzenminze *(Nepeta × faassenii)*, Lavendel *(Lavandula)*, und ganz apart der Blauschwingel *(Festuca cinerea)*.

TIPP

Eine Spezialität ist das purpurrot blühende Sumpfblutauge (Potentilla palustris), *welches feuchte bis sumpfige Umgebung liebt und daher auch am feuchten Gewässerrand gepflanzt werden kann.*

Primula denticulata

Familie Primelgewächse *(Primulaceae)*

Herkunft Himalaja

Wuchs Frostbeständige, wüchsige Staude, 30–40 cm hoch und ebenso breit; sehr große und dichte Rosette aus breit lanzettlichen, kräftig grünen Blättern, gezähnt; bei sonnigen Standorten mit leicht rötlich überhauchten Blatträndern.

Blütezeit/Blüte März – Mai. Attraktive endständige, dichte kugelige Blütenköpfe auf hohen, dicken und behaarten Stängeln, die offenen Einzelblüten sitzen am Ende aufrechter Stiele; Farben von Purpur, Rosaviolett, Rot bis Cremeweiß mit gelber Mitte.

Standort Sonnig bis halbschattig auf jedem feuchten und humosen Boden; auch an Gewässerrändern.

Pflanzen/Vermehren Pflanzung im Frühjahr oder Herbst mit einem Abstand von etwa 30 cm; Vermehrung nach der Blüte durch Teilung, auch Aussaat (Kaltkeimer) möglich.

Pflege Robust; auf ausreichende Wasserversorgung bei Trockenheit und auf sonnigen Plätzen achten; Boden mit Kompost anreichern, Mineraldünger wird schlecht vertragen; bei harten Wintern mit Reisig abdecken.

Verwendung Der hübsche Frühjahrsblüher liebt feuchtes Milieu und dankt seine adäquate Pflanzung am Gehölz- oder Uferrand mit attraktiven Blütenbällen. Farne, Lungenkraut oder Tulpen sind passende Partner. Durstige, aber dankbare Schnittblume.

...*Kugelprimel, Gezähnte Primel*

TIPP

Wird auf ausreichende Wasserzufuhr Acht gegeben, zieren die Blütenbälle der Kugelprimeln auch Pflanztröge und Balkonkästen.

Primula japonica

Familie Primelgewächse *(Primulaceae)*

Herkunft Japan und Taiwan

Wuchs Winterharte, bis zu 60 cm hohe Staude in etwa 50 cm breiten Horsten; hell gelb-grüne, elliptisch geformte und am Rand gesägte runzelige Blätter in dichter bodenständiger Rosette.

...*Japanische Etagenprimel, Kandelaberprimel*

Blütezeit/Blüte Mai – Juni. Auffällig große, endständige Blütenstände auf langem, robustem Stängel mit bei der Art unzähligen rosa, roten oder auch weißen Blüten; die Blüten stehen in mehreren Etagen übereinander (daher der Name); Hybride auch mit gelben, orange- oder pinkfarbenen Blüten; Art und Hybride meist immer mit andersfarbiger Blütenmitte.

Standort Halbschattig bis sonnig; frischer bis feuchter, nahrhafter, humoser Boden.

Pflanzen/Vermehren Pflanzung im Frühjahr oder Herbst mit einem Abstand von mindestens 30 cm; Vermehrung nach der Blüte durch Teilung oder Wurzelschnittlinge während der Ruhezeit im Winter; auch Aussaat möglich.

Pflege Bei Trockenheit und auf sonnigen Plätzen ausreichend gießen; Verblühtes und Verwelktes regelmäßig entfernen.

Verwendung Diese sehr reich blühende und robuste Art gedeiht am besten auf feuchtem Untergrund und eignet sich daher bestens zur Bepflanzung von Teichrändern oder am Ufer eines angelegten Bauchlaufes. Ebenfalls als Schnittblume dankbar, braucht allerdings viel Wasser.

TIPP

Mit sehr großen, schönen und scharlachroten Blüten wartet die Sorte 'Miller Crimson' *auf, abgeflachte und weiße Blüten erscheinen bei der Sorte* 'Postford White'.

Primula veris

Familie Primelgewächse *(Primulaceae)*

Herkunft Mitteleuropa

Wuchs Ausdauernde, Horste bildende, niedrige Staude, bis 20 cm hoch; gestielte, länglich-ovale, gerunzelte Blätter in grundständiger Rosette, mit leicht gezähntem Rand; weich behaart.

Blütezeit/Blüte April – Mai. Süß duftende, dottergelbe Röhrenblüten mit orangefarbenen Schlundflecken in vielblütiger Dolde auf bis 15 cm langem, aufrechtem Stängel.

Standort Sonnig bis halbschattig, gerne auch im lichten Schatten von Bäumen und Sträuchern; verträgt sommertrockene, kalkhaltige Böden bis zu frischen, humosen Lehmböden.

Pflanzen/Vermehren Pflanzung im Frühjahr oder Herbst mit einem Abstand von 15–20 cm; Vermehrung nach der Blüte durch Teilung oder Wurzelschnittlinge während der Ruhezeit im Winter; auch Aussaat möglich (Kaltkeimer).

Pflege Bei Trockenheit und auf sonnigen Plätzen für ausreichend Wasser sorgen; Jungpflanzen vor Schneckenfraß schützen.

Verwendung Am Gehölzrand auf sonnigen Wiesen und an Böschungen ist die Schlüsselblume gut aufgehoben, selbst eine Kultur in Töpfen ist möglich. Alle Teile der Pflanze werden in der Volksmedizin genutzt. Ein Tee aus Wurzeln oder Blättern stillt den Husten, die Blüten sollen beruhigend wirken.

INFO *Die Schlüsselblume steht unter Naturschutz und darf daher an Wildstandorten nicht gepflückt werden.*

Echte Schlüsselblume, Wiesenschlüsselblume

Primula vulgaris

Familie Primelgewächse *(Primulaceae)*

Herkunft Nördliche Halbkugel

Wuchs Frostharte 10–20 cm hohe Staude, reine Art immergrün; flacher, teppichartiger Wuchs; gestielte, länglich-ovale, gerunzelte Blätter in grundständiger Rosette, mit leicht gezähntem Rand.

Kissenprimel, Erdschlüsselblume

Blütezeit/Blüte März – April. Tellerförmige, sich nach unten zu einer schmalen Röhre verengende Einzelblüten auf kurzen Stängeln über den Blattrosetten; bei der reinen Art gelb, bei Sorten alle Farben außer reinem Blau, der Schlund durchweg gelb gefärbt.

Standort Halbschattig; frischer bis feuchter, kühler, durchlässiger, nährstoffreicher Boden.

Pflanzen/Vermehren Pflanzung im Frühjahr oder Herbst mit einem Abstand von 15–20 cm; Vermehrung nach der Blüte durch Teilung oder Wurzelschnittlinge während der Ruhezeit im Winter; auch Aussaat möglich, dazu den Samen im Herbst in Anzuchttöpfen aussäen, kalt überwintern (Kaltkeimer) und im zeitigen Frühjahr an einem wärmeren Ort keimen lassen; Direktaussaat nach der Samenreife.

Pflege Bei Trockenheit und auf sonnigen Plätzen ausreichend gießen; Jungpflanzen vor Schneckenfraß schützen; eventuell im Frühjahr düngen.

Verwendung In Gruppen bilden die kleinwüchsigen Kissenprimeln farbenfrohe Blickfänge im Vordergrund von Beeten und Rabatten, am Teichrand oder auch vor Gehölzen. Beliebt und immer wieder hübsch anzuschauen beziehen sie als eine der ersten im Jahr Balkonkästen und andere Pflanzgefäße.

INFO

Wie alle Primelarten enthält auch die Kissenprimel Stoffe, die Hautreizungen verursachen können.

Prunella grandiflora

Familie Lippenblütengewächse *(Lamiaceae)*

Herkunft Europa

Wuchs Winterharte aromatische Kleinstaude mit kriechendem, mattenartigem Wuchs, 15–20 cm hoch; schmal eiförmige, oft gezähnte, gegenständige Blätter.

Blütezeit/Blüte Juni – September. Violette Lippenblüten mit helmartiger Oberlippe am Kopfende aufrechter Stängel in dichten Ähren, die das Blattwerk überragen; das erste Stängelblattpaar ist deutlich vom Blütenstand abgesetzt; Sorten auch in den Farben Weiß, Rosa oder Lila.

Standort Sonnig bis absonnig und warm; mäßig feuchter bis frischer, durchlässiger, kalkhaltiger, nährstoffarmer Boden, kommt aber auch auf lehmhaltigen Böden zurecht.

Pflanzen/Vermehren Pflanzung im Herbst oder Frühjahr; Vermehrung durch Teilung nach der Blüte, auch Aussaat ist möglich.

Pflege Anspruchslos und unempfindlich; Verblühtes trotzdem regelmäßig entfernen, um die Nachblüte zu fördern.

Verwendung Der ausgezeichnete und den ganzen Sommer lang blühende Bodendecker bietet sich für die Bepflanzung von Rabatten, Wildblumenwiesen oder für Heide- und Steingärten an und hilft wirksam, Unkraut im Garten zu unterdrücken. Der nektarreiche Dauerblüher wird fleißig und gerne von Bienen besucht.

Großblütige Braunelle, Braunelle

INFO

Die Kleine oder Gemeine Braunelle **(Prunella vulgaris)** *– wie ihre „große Schwester" ebenfalls eine winterharte, kriechende Mattenstaude – wird in der Kräuterheilkunde als Wundheilmittel bei innerlichen Blutungen oder äußerlich bei Mund- und Rachenentzündungen eingesetzt.*

Pulmonaria saccharata

Familie Borretschgewächse *(Boraginaceae)*

Herkunft Europa

Wuchs Winterharte, bis zu 30 cm hoch wachsende, aufrechte Staude mit kräftigem Rhizom; schmal-ovale, bis zu 25 cm lange behaarte und intensiv silbrig gefleckte Blätter.

Geflecktes Lungenkraut

Blütezeit/Blüte März – April. Etwas überhängende, endständige Blütenstände mit trichterförmigen, weißen, blauen oder rosafarbenen Blüten; Sorten auch Tiefblau oder Rot bis Violett.

Standort Halbschattig bis schattig auf humosen, frischen, kühlen Böden, auch Lehm.

Pflanzen/Vermehren Pflanzung in der Regel im zeitigen Frühjahr mit etwa 20 cm Abstand; Vermehrung bevorzugt durch Teilung nach der Blüte, auch durch Stecklinge oder durch Direktsaat an Ort und Stelle möglich.

Pflege Bei Trockenheit unbedingt für ausreichend Wasser sorgen, ansonsten ungestört wachsen lassen; eventuell im Frühjahr düngen.

Verwendung Als einer der ersten Frühjahrsboten ist das Lungenkraut in kleinen Gruppen gepflanzt nicht nur hübsche Zierde halbschattig gelegener Plätze oder schattiger Gehölzränder, sondern ebenso eine wertvolle Nahrungsquelle für Insekten. Das Gefleckte Lungenkraut findet in den farbenfrohen Primeln *(Primula)* wie auch in den ebenfalls früh blühenden Buschwindröschen *(Anemone nemorosa)* gute Partner.

TIPP

Der Gattungsname Lungenkraut (Pulmonaria) *verweist auf die frühere Verwendung der Lungenkräuter als Heilmittel vorzugsweise bei Atemwegserkrankungen.*

Pulsatilla vulgaris

Familie Hahnenfußgewächse *(Ranunculaceae)*

Herkunft Europa

Wuchs Kleine, sommergrüne, winterharte Staude, buschig wachsend, etwa 25 cm hoch; mehrfach fein gefiederte, blassgrüne Blätter; Blätter und Stängel silbergrau behaart.

Blütezeit/Blüte März – Mai. Große glockenförmige, nickende Blütenköpfe; dunkel- bis rotviolette Blütenhüllblätter, deren Außenseite dicht silbrig behaart ist, umhüllen zahlreiche gelborangefarbene Staubgefäße; Sorten auch mit cremeweißen ('Alba'), dunkelroten ('Rote Glocke') oder purpurfarbenen ('Rubra') Blüten.

Standort Sonnig und warm, auch absonnig; durchlässiger, mäßig trockener bis frischer, magerer, kalkhaltiger Boden.

Pflanzen/Vermehren Pflanzung im Frühjahr oder auch Herbst mit 10–20 cm Abstand; Vermehrung durch Aussaat (Kaltkeimer) oder Teilung älterer Horste.

Pflege Die Küchenschelle benötigt keine besondere Pflege, am besten lässt man sie ungestört wachsen; ältere Pflanzen wenn nötig durch Teilung verjüngen.

Verwendung Die Kuhschelle schmückt sonnige Steingärten sowie eher trockene Hänge und Böschungen, aber auch den sonnigen Gehölzrand. Apart sehen Kombinationen mit niedrigeren Ziergräsern, Adonisröschen *(Adonis amurensis)*, Christrose *(Helleborus niger)* oder kleinwüchsigen Primeln *(Primula)* aus.

Echte Küchenschelle, Pelzanemone

INFO

Die Kuhschelle steht unter Naturschutz. Alle Teile der Pflanze enthalten Giftstoffe, wobei bereits der Pflanzensaft die Haut reizen kann.

Rudbeckia fulgida

Familie Korbblütengewächse *(Asteraceae)*

Herkunft Nordamerika

Wuchs Dicht buschige, schnell wachsende, winterharte Staude, 60 bis 100 cm hoch, Ausläufer treibend; verzweigte Triebe mit dunkelgrünen, schmal lanzettlichen, je nach Sorte mehr oder weniger behaarten Blättern.

...Sonnenhut

Blütezeit/Blüte Juli – Oktober. Blütenkörbchen mit kräftig goldgelben, strahlenförmig angeordneten Zungenblüten um eine schwarzbraune kegelförmig hochgewölbte Mitte.

Standort Sonnig; frischer, humoser, nährstoffreicher, ausreichend feuchter Boden, auch lehmhaltige Böden möglich.

Pflanzen/Vermehren Pflanzung im Frühjahr, nicht zu dicht, mindestens 50 cm Abstand; Vermehrung in erster Linie durch Teilung, die reine Art sowie die Sorte 'Goldsturm' auch durch Aussaat (Kalt- und Lichtkeimer).

Pflege Bei Trockenheit gießen; die lockeren Horste an Stäben aufbinden oder mit Staudenringen stützen; Verblühtes regelmäßig etwa eine Handbreit über dem Boden abschneiden, oder die dekorativen Fruchtstände stehen lassen, dann Rückschnitt erst im Frühjahr; ältere Pflanzen, bevor sie verkahlen, im Frühjahr teilen.

Verwendung Die farbenfrohen Sonnenhüte eigenen sich als Solitäre wie auch als Leitstauden für Beete und Rabatten. Hübsch sind Kombinationen mit Goldrute *(Solidago)*, Salbei *(Salvia)*, Rittersporn *(Delphinium)* und Astern *(Aster)*. Dankbare Schnittblume.

INFO

Die Sorte 'Goldsturm' *gilt als eine der pflegeleichtesten und reich blühendsten Rabattenstauden und ist häufig in Bauern- und naturnahen Gärten anzutreffen.*

Salvia officinalis

Familie Lippenblütengewächse *(Lamiaceae)*

Herkunft Mittelmeerraum

Wuchs Locker, buschig wachsender, frostharter Halbstrauch, bis 80 cm hoch und ebenso breit; wintergrüne, länglich ovale, silbrig-graugrüne, mit samtigem Haarfilz überzogene, intensiv, aromatisch duftende Blätter mit ätherischem Öl; Sorten auch mehrfarbiges Blattwerk.

Blütezeit/Blüte Juni – August. Kleine blauviolette Lippenblüten in mehreren, übereinander stehenden Quirlen.

Standort Vollsonnig, geschützt und warm auf relativ kargem, durchlässigem und mäßig trockenem Boden.

Pflanzen/Vermehren Pflanzung am besten im Frühjahr; zur Vermehrung im Frühsommer Kopfstecklinge von kräftigen Trieben schneiden und nach Bewurzelung im Herbst an Ort und Stelle einsetzen; Direktsaat im Sommer.

Pflege Anspruchslos, bei anhaltender Trockenheit gießen; nach der Blüte bei Bedarf zurückschneiden; in kalten Wintern mit Reisig oder Mulch abdecken.

Verwendung Salbei darf in keinem Kräuter- oder Bauerngarten fehlen. Blätter und Blüten schmücken aber ebenso jedes Beet und jede Rabatte, die Anspruchslosigkeit der Art macht Salbei selbst für den Steingarten geeignet. Salbei passt gut zu roten Rosen, Goldgarbe *(Achillea filipendula)* oder auch zur Spornblume *(Centranthus ruber)*. Eine Besonderheit unter den Salbei-Arten ist der Muskatellersalbei *(Salvia sclarea)*. Seine weißen, violettrosafarben überlaufenen Blüten sind ein aparter, duftender Schmuck für sonnige Kräuter- und Bauerngärten. Seine großen, herzförmigen Blätter werden in der Küche ähnlich wie die des Gewürzsalbeis genutzt.

TIPP

Kleinwüchsige Ziersalbei-Arten (**Salvia numerosa**) *können auf vollsonnigen, trockenen Böden Bodendeckeraufgaben übernehmen. Generell sind alle Salbeipflanzen wertvolle Bienenweiden.*

Saxifraga x ardensii

Familie Steinbrechgewächse *(Saxifragaceae)*

Herkunft Hochgebirge der Alpen

Wuchs Wintergrüne alpine Kleinstaude mit moosartigem, teppichähnlichem Wuchs, 5–20 cm hoch; krautig weiche, frischgrüne Blattrosetten aus „nadeligen" Blättchen.

Blütezeit/Blüte April – Juni. Kleine, zarte, wildrosenähnliche Blüten an dünnen, aufrechten Stielen von 3–15 cm Länge, weiß, rosa oder kräftig dunkelrot gefärbt, Sorten auch gelb.

Standort Bevorzugt halbschattig bis schattig; durchlässige, feuchte, humose, lehmhaltige, mit Steinschotter vermengte Böden; ganz trockene Lagen sagen ihm nicht zu.

Pflanzen/Vermehren Pflanzung bevorzugt im Frühjahr; Vermehrung durch Teilung der Polster, Abtrennen von Rosettenstecklingen oder durch Achseltriebe, auch Aussaat möglich unter Glas im Vorfrühling (Kaltkeimer); nach Aufzucht in Töpfen erfolgt das Auspflanzen dann im Frühsommer.

Pflege Für ausreichende Bodenfeuchtigkeit sorgen, Staunässe jedoch verhindern; auf zu trockenem Untergrund nur spärliche Blüte und kurzlebig; verkahlende Polster durch Teilung verjüngen.

Verwendung Die dekorative und reich blühende Kleinstaude gedeiht im Schatten großer Bäume, auf Trockenmauern, in Steingärten, an Wegrändern, in Mauerfugen, Beeten und Pflanztrögen. Gute Partner sind Farne und Gräser, Tränendes Herz *(Dicentra spectabilis)*, Glockenblume *(Campanula)* oder Elfenblume *(Epimedium rubrum)*.

Moossteinbrech

TIPP

Auch zur kalten Jahreszeit schmückt der filigrane Moossteinbrech den Garten, wenn der Raureif auf die immergrünen Rosetten weiße Ränder zaubert.

Scabiosa caucasica

Familie Kardengewächse *(Dipsacaceae)*

Herkunft Mittelmeerraum

Wuchs Winterharte, ausdauernde buschige Staude, zwischen 60 bis 90 cm hoch; gering verzweigte Stängel mit gefiederten, behaarten, mittelgrünen Blättern.

Kaukasusskabiose, Fächerblume

Blütezeit/Blüte Juni – Oktober. Flache, tellerförmige, nach Honig duftende Blütenköpfe, zusammengesetzt aus zahlreichen, etwas gekräuselten, je nach Sorte blauen, hell- oder rotvioletten oder auch weißen, vergrößerten Randblüten und knopfartigen, dicht gedrängten, kleinen Innenblüten; lange herausragende Staubfäden.

Standort Vollsonnig auf durchlässigem, relativ trockenem bis frischem, humosem, leicht basischem Boden.

Pflanzen/Vermehren Pflanzung im Frühjahr oder Herbst; Vermehrung durch Teilung, Stecklinge oder Aussaat.

Pflege Wenn nötig den Staudenbusch aufbinden; Verwelktes regelmäßig entfernen; eine Kompostgabe im Frühjahr fördert und kräftigt die Pflanze.

Verwendung Die recht beliebte und pflegeleichte Skabiose erfreut den Gartenfreund auf Grund ihrer langen Blütezeit den gesamten Sommer lang bis in den Spätherbst hinein, bei milder Witterung sogar bis in den November. In kleinen Gruppen bereichert sie Beete und Rabatten. Skabiosen passen gut zu Taglilien *(Hemerocallis)*, Gräsern oder Glockenblumen *(Campanula)*. Dankbar auch als Schnittblume.

TIPP

Mit der cremeweiß blühenden Sorte 'Mrs Isaac House' *lassen sich hübsche Kontraste zu der bevorzugt in Blautönen blühenden Art erzielen.*

Sedum acre

Familie Dickblattgewächse *(Crassulaceae)*

Herkunft Europa, Nordafrika

Wuchs Starkwüchsige, dichte rasenartige Polster bildende Sukkulente, 5–10 cm hoch; kleine, dickfleischige, eiförmige, flache, leuchtend grüne Blättchen (bis 4 mm lang), scharfer Geschmack.

Blütezeit/Blüte Juni – August. Kleine, fünfzählige, sternenförmige, leuchtend gelbe Blüten in Trugdolden, dicht über den Blattpolstern; Blütenkronblätter spitz und fast waagerecht abstehend.

Standort Vollsonnig und warm vorzugsweise auf sehr gut durchlässigem, sandigem oder kiesigem Boden.

Pflanzen/Vermehren Pflanzung bevorzugt im Frühsommer; Vermehrung im Frühjahr oder Herbst durch Teilung oder Vereinzeln, auch Aussaat im Frühjahr möglich.

Pflege Anspruchslos; den Durstkünstler lediglich vor Staunässe schützen und auch nicht düngen.

Verwendung Der Scharfe Mauerpfeffer gehört zu den widerstandsfähigsten Sukkulenten und wuchert in aller Kürze mit seinen mooskissenähnlichen Polstern selbst noch so trockene und unwirtlich erscheinende Flächen zu. Er eignet sich bestens zur Dachbegrünung, bildet Matten in Steingärten und Steppenlandschaften und wächst auf Mauerkronen, in Felsspalten, Steinfugen und verschönert selbst Tröge, Kübel und Hängekörbe. Als Partner harmonieren alle Steingartengewächse.

....Scharfer Mauerpfeffer, Echter Mauerpfeffer

INFO

Die Fähigkeit, lange Trockenperioden schadlos zu überstehen, verdanken alle Sukkulenten ihren dicken, „fetten" fleischigen Blättern, mit denen sie Wasser speichern können.

Sedum floriferum
'Weihenstephaner Gold'

Familie Dickblattgewächse *(Crassulaceae)*

Herkunft China

Wuchs Wintergrün, starkwüchsig, dichte Polster bildend, 10–20 cm hoch; kleine, dickfleischige, dunkelgrüne Blättchen, an den Spitzen grob gezähnt; junge Triebspitzen rötlich.

....Goldfetthenne

Blütezeit/Blüte Juni – September. Endständige, fünfzählige, sternartige, leuchtend goldgelbe Blüten, die sich mit zunehmendem Alter orange färben.

Standort Vollsonnig und warm vorzugsweise auf durchlässigem Boden.

Pflanzen/Vermehren Pflanzung im Frühjahr oder Herbst; Vermehrung ebenfalls im Frühjahr oder Herbst durch Teilung oder Stecklinge.

Pflege Anspruchslos; den Durstkünstler gilt es, lediglich vor Staunässe zu schützen.

Verwendung Die trockenheitsresistente Goldfetthenne ist prädestiniert für den Steingarten, eignet sich als Dachbegrünung, zur Bepflanzung von Trockenmauern, Kübeln, als Rasenersatz und im naturnahen Garten. Hübsche Partner sind Kriechendes Schleierkraut *(Gypsophila repens),* Felthymian *(Thymus serpyllum),* Teppichphlox *(Phlox subulata),* Federnelke *(Dianthus plumarius)* oder auch Polsterglockenblume *(Campanula portenschlagiana).*

TIPP *Diese hübsche, leuchtend gelb blühende Sorte ist auf Grund ihrer sehr nektarreichen Blüten unter anderem eine hervorragende Bienenweide.*

Sedum spectabile

Familie Dickblattgewächse *(Crassulaceae)*

Herkunft China, Korea

Wuchs Winterharte, ausdauernde, aufrecht wachsende Staude bis zu 50 cm hoch, ältere Exemplare bis zu 100 cm, aus vieltriebigem, dickem Wurzelstock; ovale, am Rand gezähnte, hell-graugrüne, fleischige Blätter.

Blütezeit/Blüte August – Oktober. Große, flächige Blütenstände, dicht besetzt mit je nach Sorte rosaroten oder roten, kleinen, sternförmigen Blüten; braunrote, noch im Winter zierende dekorative Fruchtstände.

Standort Vollsonnig bis lichter Schatten; durchlässiger, am besten sandiger oder kiesiger, nicht allzu nährstoffreicher Boden, verträgt häufig sogar Lehmböden.

Pflanzen/Vermehren Pflanzung im Frühjahr mit 30–40 cm Abstand; Vermehrung entweder durch Stecklinge, junge Triebe bodennah abschneiden, oder durch Teilung – bevorzugt im Frühjahr.

Pflege Anspruchslos, keine besondere Pflege nötig, verträgt Frost wie auch Trockenheit; Triebe mit Fruchtständen erst im Frühjahr zurückschneiden.

Verwendung Der attraktive Herbstblüher fühlt sich in sonnigen Rabatten und Beeten wohl. Gute Partner sind Chrysanthemen *(Dendranthema)*, Glattblattaster *(Aster novi-belgii)*, Lavendel *(Lavandula)* oder Salbei *(Salvia)*. Die robuste Prachtfetthenne lässt sich sogar in Kübeln und größeren Balkonkästen kultivieren.

Prachtfetthenne

TIPP

Die Blütenstände der Prachtfetthenne ziehen Hummeln, Bienen und Schmetterlinge gleichermaßen an. Blüten- wie auch Fruchtstände sind dekorative Begleiter von Frisch- und Trockensträußen.

Sempervivum tectorum

Familie Dickblattgewächse *(Crassulaceae)*

Herkunft Europa

Wuchs Sukkulente Kleinstaude, 10–15 cm hoch; kugelförmige bis flache, symmetrische Rosetten mit einem Durchmesser von 3–14 cm aus fleischig-saftigen, verkehrt-eiförmigen, am Rand dicht bewimperten Blättern, deren stachelige Spitzen braun-rötlich überlaufen sind; je nach Sorte auch vollständig rötlich gefärbte Rosettenblätter; dichte Polster bildend.

Dachwurz, Gewöhnliche Hauswurz

Blütezeit/Blüte Juli – August. Rotviolette bis rosafarbene, sternförmige 12- bis 16-zählige Blüten, erscheinen endständig auf dicken bis zu 30 cm langen Stängeln, die aus den Rosetten empor wachsen. Die Rosetten sterben nach der Blüte ab, hinterlassen jedoch zahlreiche Tochterrosetten.

Standort Vollsonnig auf sehr gut durchlässigem, sandigem, schotterreichem, nährstoffarmem Boden.

Pflanzen/Vermehren Pflanzung bevorzugt im Frühjahr; Vermehrung durch Tochterrosetten.

Pflege Äußert genügsam, ungestört wachsen lassen, nicht düngen, Dünger macht sie schwammig und mastig; unbedingt vor Staunässe schützen.

Verwendung Dachwurze sind die Pflanzen der Wahl für eine Dachbegrünung, für Steingärten und Trockenmauern und begnügen sich selbst mit Felsspalten oder Mauerfugen. Geeignete Begleitpflanzen wären Blauschwingel *(Festuca cinerea)*, Sonnenröschen *(Helianthemum)*, Katzenpfötchen *(Atennaria dioica)*, Kuhschelle *(Pulsatilla)* oder auch Steinbrech *(Saxifraga)*.

INFO *An ihren Wildstandorten – bis auf 2800 m auf trockenen, kalkarmen Steinböden, Felsen oder Magerwiesen – steht die Dachwurz unter Naturschutz.*

Solidago

Familie Korbblütengewächse *(Asteraceae)*

Herkunft Nordamerika und Kanada

Wuchs Frostharte, schnellwüchsige Staude, dicht buschig, 50–80 cm hoch, verholzte Basis; schmal-lanzettliche, fein gezähnte Blätter, je nach Sorte bis zu 10 cm lang.

Blütezeit/Blüte Juli – September. Leuchtend goldgelbe, flauschig anzuschauende, an den Triebspitzen sitzende dichte Blütenrispen, zusammengesetzt aus vielen kleinen asternartigen Blüten, je nach Sorte pyramidenähnlich oder flach.

Standort Sonnig bis lichter Schatten; gedeiht auf fast allen durchlässigen Böden.

Pflanzen/Vermehren Pflanzung im Frühjahr oder Herbst mit etwa 40 cm Abstand; Vermehrung durch Teilung oder Stecklinge, fast alle Arten säen sich sehr gut selbst aus.

Pflege Robust und relativ anspruchslos, bei anhaltender Trockenheit wässern; große Horste eventuell durch Aufbinden stützen; nach der Blüte oder im Frühjahr bodennah zurückschneiden; die Wucherneigung durch eingegrabene Sperren (Holz, Stein, Kunststoff) im Beet unterbinden.

Verwendung Einzeln oder in Gruppen bringt die Goldrute im späten Sommer bis in den Herbst hinein Farbe in den Garten. Gut passt sie zu Indianernessel *(Monarda)*, Sonnenhut *(Echinacea)*, Phlox *(Phlox)* und Rittersporn *(Delphinium)* sowie den farbenfrohen Herbstastern *(Aster novi-belgii)*. Die attraktiven Blütenstände ergeben zudem hübsche, langlebige Sträuße für die Vase.

Goldrute, Goldraute

INFO

Einstmals aus Nordamerika eingeführt, fühlt sich der Neophyt – insbesondere die Kanadische Goldrute (**Solidago canadensis**) *– auf europäischem Boden dermaßen wohl, dass nur einige Gartenflüchtlinge reichten, um sich mit Erfolg gegen die heimische Flora durchzusetzen.*

Stachys macrantha syn. S. grandiflora

Familie Lippenblütengewächse *(Lamiaceae)*

Herkunft Vorderasien

Wuchs Dicht buschig und breit ausladend wachsende mehrjährige Staude, 30–50 cm hoch; behaartes und langes, grundständiges, herzförmiges, gekerbtes und leicht runzlig erscheinendes Blattwerk.

Blütezeit/Blüte Juni – Juli. Rosaviolette Lippenblüten in üppigen, ährenartigen Blütenständen.

......*Großblumiger Ziest*

Standort Sonnig bis absonnig; durchlässiger, frischer, humoser Boden.

Pflanzen/Vermehren Pflanzung im Frühjahr oder Herbst mit etwa 30 cm Abstand; Vermehrung durch Teilung, Stecklinge oder auch durch Samen.

Pflege Anspruchslos; Verblühtes zurückschneiden, dadurch wird eine Nachblüte Ende August/Anfang September möglich.

Verwendung Der etwas an Katzenminze erinnernde Großblumige Ziest sollte am besten in kleinen Gruppen auf Beeten und Rabatten gepflanzt werden, wobei er sich im lichten Schatten ebenfalls gut als Unterpflanzung am Gehölzrand macht. Schmucke Partner wären Staudengräser sowie Storchschnabelarten *(Geranium)*.

INFO

Die Blätter vieler Stachys-*Arten sind aromatisch und waren früher regelmäßig im Bauernkräutergarten anzutreffen. So ist der Echte Ziest oder auch Heilziest* (Stachys officinalis) *mit seinen hübschen magenta- bis rosafarbenen Blüten nicht nur ein durchblutungsförderndes Kraut bei Kopfschmerzen, sondern hilft auch bei schlechter Verdauung oder Gastritis. Die nektarreichen Blüten aller* Stachys-*Arten ziehen zudem Bienen und Schmetterlinge auf ihrer Nahrungssuche an.*

Thalictrum dipterocarpum syn. T. delavayi

Familie Hahnenfußgewächse *(Ranunculaceae)*

Herkunft Westchina

Wuchs Winterharte, schlanke, aufrechte Staude, 120 cm und höher wachsend, bis zu 60 cm breit; feinst geteilte kräftig grüne Blätter, erinnert an Akeleiarten.

Blütezeit/Blüte Juli – September. Hellviolette bis rosafarbene, nickende Blütenköpfe (keine Kron-, nur Kelchblätter) mit auffälligen gelben, dichten Staubgefäßbüscheln, in lockeren Rispen angeordnet.

Standort Bevorzugt halbschattig; frischer, humoser und feuchter Boden, kalkfrei.

Pflanzen/Vermehren Pflanzung in erster Linie im Frühjahr; Vermehrung durch Aussaat – auch Selbstaussaat möglich – im Herbst oder durch Teilung kräftiger Pflanzen im Frühjahr.

Pflege Relativ anspruchslos, allerdings auf gute Feuchtigkeitsbedingungen achten; große Pflanzen stützen und binden, eventuell für Windschutz sorgen.

Verwendung Die Chinesische Wiesenraute liebt es relativ kühl und feucht und ist daher bestens zur Ufer- oder auch zur Gehölzrandbepflanzung geeignet. Auf Beeten und Rabatten passt sie zudem gut zu Astilben *(Astilbe)*, Goldfelberich *(Lysimachia punctata)*, Gräsern, Rittersporn *(Delphinium)*, Trollblume *(Trollius chinensis)* oder auch zu Glockenblumen *(Campanula)*.

Chinesische Wiesenraute

TIPP

Eine attraktive Variante stellt die in den gemäßigten Regionen Europas beheimatete Wiesen- oder Amstelraute (**Thalictrum aquilegiifolium**) *dar. Ihre flaumfederartigen Blüten erscheinen im Sommer in den Farben Rosa bis Helllila oder je nach Sorte sogar Grünlichweiß.*

Thymus vulgaris

Familie Lippenblütengewächse *(Lamiaceae)*

Herkunft Südosteuropa

Wuchs Wintergrüner, frostharter Halbstrauch, 10–40 cm hoch; reich verzweigt, teilweise niederliegend, Polster bildend; kleine, schmale, dunkelgrüne, am unteren Rand eingerollte Blättchen mit ätherischem Öl.

Blütezeit/Blüte Mai – Oktober. Aromatisch duftende, rosa bis violette Blütchen in üppigen Scheinquirlen.

Echter Thymian, Gartenthymian

Standort Warm und sonnig auf gut durchlässigem, nicht zu trockenem, frischem, sandigem, gerne leicht saurem Boden; auch Kultur im Topf möglich.

Pflanzen/Vermehren Pflanzung am besten im Frühjahr mit 20 bis 30 cm Abstand; Vermehrung durch Stecklinge im Sommer oder Teilung großer Pflanzen im Herbst, auch eine Aussaat (Lichtkeimer) ist möglich.

Pflege Keine besonderen Ansprüche; regelmäßig verwelkte Blütenstände abschneiden, um einen dichten Pflanzenwuchs zu erhalten; ältere Pflanzen alle paar Jahre umpflanzen.

Verwendung Im Steingarten und im Kräuterbeet findet der Thymian oder Feldkümmel als beliebte Heil- und Gewürzpflanze seinen gebührenden Platz. Von Frühjahr bis Herbst können Zweige oder Büschel geerntet werden, wobei das Aroma der Triebe kurz vor der Blüte am intensivsten ist. Thymian eignet sich hervorragend zum Trocknen – er ist eines der Gewürze, deren Aroma sich durch das Trocknen sogar noch intensiviert.

TIPP

Flach und in die Breite wachsend, eignet sich der anspruchslose, blauviolett oder weiß blühende Feldthymian (Thymus serpyllum)*, auch Quendel genannt, u. a. hervorragend zur Dachbegrünung.*

Trollius chinensis

Familie Hahnenfußgewächse *(Ranunculaceae)*

Herkunft Nordosten Chinas

Wuchs 60–90 cm hoch; langgestielte, dunkelgrüne fünf- bis siebenteilige Blätter, Horste bildend.

Blütezeit/Blüte Juni – August. Bis zu 3 cm breite leicht geöffnete, schalenförmige, gelb- bis gelborangefarbene Blüten mit einem Büschel zahlreicher Staubgefäße.

Standort Sonnig nur bei genügender Wasserversorgung, besser halbschattig; frischer, feuchter und humoser Boden, gerne in der Nähe von Gartenteichen oder am Rand von Sumpfbeeten.

Pflanzen/Vermehren Pflanzung im Frühjahr oder Herbst; Vermehrung durch Teilung großer Horste nach der Blüte oder durch Aussaat entweder direkt an Ort und Stelle oder Kultur in Töpfen (Kalt- und Dunkelkeimer).

Pflege Im Sommer stets für genügend Wasser sorgen, ein Austrocknen unbedingt vermeiden, verträgt zeitweilig auch starke Nässe; nach der Blüte zurückschneiden, im Frühjahr mit Kompost den Boden anreichern. Eine zweite Blüte im Herbst erreicht man durch kompletten Rückschnitt nach der ersten Blüte.

Verwendung Die schmucken Blüten verleihen insbesondere naturnahen Gärten oder Feuchtwiesen wie aber auch nicht zu trockenen Beeten und Rabatten durch ihre intensive Färbung bunte Tupfer. Gute Partner sind die ebenfalls feuchten Boden liebenden Iris *(Iris)* oder Mädesüß *(Filipendula)*.

Chinesische Trollblume, Goldkönigin

INFO

Wie alle Hahnenfußgewächse enthalten auch die Trollblumen hautreizende Giftstoffe. Die nektarreiche Trollblume zählt u. a. zu den wichtigsten Bienenweiden. Die leider selten gewordene, einheimische Art **Trollius europaeus** *steht nicht zuletzt daher unter Naturschutz.*

Verbascum chaixii

Familie Braunwurzgewächse *(Scrophulariaceae)*

Herkunft Südosteuropa

Königskerze, Wetterkerze, Fackelblume

Wuchs Zwei- oder auch mehrjährige frostharte Pflanze, zwischen 100 bis 200 cm hoch; im ersten Jahr nur grundständige Rosette aus großen, weißfilzigen Blättern.

Blütezeit/Blüte Mai – August. Im zweiten Jahr erscheinen lange kerzenförmige Blütenstände mit meist gelben, von unten nach oben sich öffnenden Blüten auf bis zu 100 cm langen Schäften, Sorten auch in Rosa oder Weiß wie 'Album'.

Standort Sonnig, toleriert auch absonnige Lage; trockener, durchlässiger bis sandiger Boden.

Pflanzen/Vermehren Pflanzung mit etwa 50 cm Abstand in der Regel im Herbst, im Frühjahr ebenfalls möglich; eigenständige Vermehrung durch Tochterrosetten oder Selbstaussaat, jedoch auch Kultur durch Wurzelschnittlinge möglich.

Pflege Anspruchslos; bodennahes Abschneiden der verblühten Blütenstiele fördert die Lebensdauer.

Verwendung Als Solitär oder in kleineren Gruppen in Beeten und Rabatten im Hintergrund; schmucke Begleitung von Gartenzäunen und Hauswänden; gleichfalls geeignet zur Bepflanzung von Böschungen. Als ehemalige, robuste Wildpflanze kann man sie im Bauern- und Naturgarten sich selbst überlassen und verwildern. Zur gelb blühenden Königskerze passen blau bis violett blühende Pflanzen wie Salbei *(Salvia)*, Lavendel *(Lavandula)* oder auch Katzenminze *(Nepeta × faassenii)*.

TIPP

Durch rechtzeitiges Zurückschneiden kann der Neuaustrieb der Pflanze angeregt werden und sie blüht im kommenden Jahr umso prachtvoller.

Veronica spicata syn. Pseudolysmachium spicatum

Familie Braunwurzgewächse *(Scrophulariaceae)*

Herkunft Mitteleuropa

Wuchs Frostharte, mehrjährige und bis zu 60 cm hohe buschige Staude; graugrüne, lang-lanzettlich geformte Blätter; behaarte aufrechte Stängel.

Blütezeit/Blüte Juni – August. Kerzenförmige Ähren mit kleinen, sternförmigen, kräftig blauvioletten Blüten; auch Sorten mit weißen, leuchtend rosa oder roten Blüten.

Standort Sonnig und warm; leichte, durchlässige, eher trockene, gerne auch kalkhaltige Böden.

Pflanzen/Vermehren Junge Pflanzen im Frühjahr mit 20–30 cm Abstand setzen; Vermehrung durch Teilung im Frühjahr, reine Arten auch durch Aussaat.

Pflege Anspruchslos; verwelkte Blütenstände regelmäßig entfernen, um die Blühfreude zu unterstützen; Staunässe vermeiden, um Wurzelfäule zu verhindern.

Verwendung Kleine wie auch größerer Gruppen harmonieren im Staudenbeet bestens mit roten Rosen *(Rosa)*, Goldgarbe *(Achillea filipendula)*, Brennender Liebe *(Lychnis chalcedonica)*, Salbei *(Salvia)* oder auch Taglilien *(Hemerocallis)*. Die dichten Büsche der auch Kerzenveronika genannten Staude sind häufige Gäste in sonnigen Bauerngärten. Eine aparte Sorte ist der Silberehrenpreis *(Veronica spicata* ssp. *incana)*, dessen silbrigfilzige Blätter einen wunderschönen Kontrast zu den intensiv blauvioletten Blütenkerzen darstellen. Der Silberehrenpreis bildet breite Horste (durch Ausläufer) und wird je nach Sorte zwischen 30–40 cm hoch.

INFO

Der Ährige Ehrenpreis steht ähnlich wie seine Verwandte, die Bachbunge **(Veronica beccabunga)**, *auch Bachehrenpreis genannt, unter Naturschutz.*

Vinca major

Familie Hundsgiftgewächse *(Apocynaceae)*

Herkunft Europa

Wuchs Immergrüne, buschige Halbstaude, aufrecht bis niederliegend, 20–30 cm hoch, mit kriechenden Wurzelausläufern; glänzende, herz- bis eiförmig zugespitzte, mittelgrüne – bei Sorten auch hübsche weiß- oder gelbbunte – Blätter.

Immergrün, Großes Immergrün

Blütezeit/Blüte April/Mai – Mai/Juni. Fünfzählige, gezipfelte, sternartige, dunkelviolette bis tiefblaue Blüten – etwa 5 cm breit – mit kurzem Sporn, bei Sorten auch rote, gelbe, weiße, dann häufig mehrfarbig.

Standort Halbschatten bis Schatten, verträgt auch Sonne auf durchlässigem, frischem, humosem, nährstoffreichem Boden.

Pflanzen/Vermehren Pflanzung bevorzugt im Frühjahr; Vermehrung durch Teilung, Abtrennen bewurzelter Seitentriebe oder Kopfstecklingen nach der Blüte.

Pflege Verträgt Trockenheit, mäßig frostbeständig, in kalten Wintern Schutz durch eine Laubschütte geben; alle 3 Jahre eine Kompostgabe; starkes Wuchern durch Teilen und Abstechen im Zaum halten.

Verwendung Das in allen Teilen giftige Immergrün erobert schnell Terrain am Gehölzrand, unter Gehölzen, auf schattigen Flächen und Böschungen und selbst im Steingarten. Unkraut hat kaum Chancen gegen es. Bevorzugte Partner sind Akelei *(Aquilegia)*, Astilbe *(Astilbe)*, Gräser und Farne oder auch Taubnessel *(Lamium)* und Lerchensporn *(Corydalis lutea)*.

TIPP

Bei einer Wuchshöhe von 10 cm breitet sich das Kleine Immergrün (Vinca minor) *noch stärker aus. Mit seinen dunkelgrünen, leicht ledrigen schmal-eiförmigen Blättern schafft es dichte Polster und schmückt sich von Mai bis Juni je nach Sorte mit kleinen weißen, hell- bis dunkelblauen oder rotvioletten Blüten.*

Viola odorata

Familie Veilchengewächse *(Violaceae)*

Herkunft Mitteleuropa

Wuchs Immergrüne, frostharte, Rhizom bildende Kleinstaude, 10 bis 25 cm hoch; herzförmige, dunkelgrüne Blätter in Rosettenform.

Blütezeit/Blüte März – April. Dunkelviolette, gespornte Blüten, bei Sorten auch weiße, rote und hellviolette Blüten.

Standort Halbschattig bis schattig, frischer bis feuchter und nährstoffreicher Boden.

Pflanzen/Vermehren Pflanzung im späten Frühjahr oder im Herbst mit ca. 20 cm Abstand; Vermehrung geschieht am einfachsten durch Direktsaat, in der Regel versamen sich die Pflanzen selbst. Größere Pflanzen können geteilt werden, oder man trennt Ausläufer ab.

Pflege Ungestört wächst das anspruchslose Duftveilchen am schönsten und verlangt lediglich bei anhaltender Trockenheit nach zusätzlichem Wasser.

Verwendung In Gruppen am Gehölzrand, unter Laubbäumen vor Hecken oder auch im halbschattigen Steingarten verströmt die reizende Kleinstaude im Frühjahr ihren angenehmen Duft. Auf Grund ihrer Ausläufer vermehrt sie sich rasch und eignet sich daher auch gut als Bodendecker.

Duftveilchen, Märzveilchen

TIPP

Wesentlich mehr Sonnenbedarf und eine Blütezeit von April bis September zeichnen das größere, in hübschen mehrfarbigen Varianten erhältliche, verwandte Hornveilchen (**Viola cornuta**) aus. Diese blühfreudigen, bei der reinen Art dunkelviolett bis tiefblauen Veilchen kommen in Rabatten und Beeten am besten in kleinen Gruppen zur Geltung, machen sich aber ebenso gut in Balkonkästen, Kübeln oder Pflanzschalen. Bei Trockenheit auf ausreichende Wasserversorgung achten; Verblühtes regelmäßig „ausputzen".

Waldsteinia geoides

Familie Rosengewächse *(Rosaceae)*

Herkunft Südosteuropa, Asien

Wuchs Ausdauernde, immergrüne, Horst bildende Kleinstaude, bis zu 25 cm hoch; rundlich gelappte, herznierenförmige, leuchtend grüne, behaarte Blätter; im Gegensatz zu *Waldsteinia ternata* keine Ausläufer bildend und daher nicht so wuchernd wie diese.

Waldsteinie, Golderdbeere, Ungarwurz

Blütezeit/Blüte April – Juni. Goldgelbe, fünfblättrige Blüten gefolgt von erdbeerähnlichen, allerdings fad schmeckenden Früchten.

Standort Lichter Schatten; humoser, nährstoffreicher, auch trockener Boden möglich.

Pflanzen/Vermehren Pflanzung bevorzugt im Frühjahr, bei Flächenbepflanzung zwischen 10 und 20 Pflanzen pro Quadretmeter; Vermehrung durch Teilung größerer Horste im Frühjahr oder Herbst.

Pflege Anspruchslos, keine besonderen Pflegemaßnahmen nötig.

Verwendung Die rasch wachsende Golderdbeere ist ein wertvoller Bodendecker und Flächenbegrüner und gut geeignet für Gehölzunterpflanzungen, Beeteinfassungen, die Bepflanzung von Böschungen, schattigen Steingärten oder auch im Waldstaudenbeet.

TIPP

Die Golderdbeere ist sehr dominant, gedeiht selbst an ungünstigen Standorten und sollte daher nur mit robusten Partnern wie beispielsweise Günsel (Ajuga reptans), *Lungenkraut* (Pulmonaria saccharata) *oder Funkien kombiniert werden.*

Register